이건 알고 가자!

10대를 위한 방과 후 주식 특강

이건 알고 가자!
10대를 위한
방과 후 주식 특강

초판 1쇄 발행 2022년 6월 17일

글 박성현
그림 주노

편집장 천미진
편집책임 임수현
편 집 최지우, 김현희
디자인 한지혜
마케팅 한소정
경영지원 한지영

펴낸이 한혁수
펴낸곳 도서출판 다림
등 록 1997. 8. 1. 제1-2209호
주 소 07228 서울시 영등포구 영신로 220 KnK디지털타워 1102호
전 화 02-538-2913 팩 스 070-4275-1693
다림 카페 cafe.naver.com/darimbooks
전자 우편 darimbooks@hanmail.net
블로그 blog.naver.com/darimbooks

ISBN 978-89-6177-293-8 (43320)

이건 알고 가자!

10대를 위한 방과 후 주식 특강

글 박성현
그림 주노

다림

시작하는 글

열한 살에 주식 투자를 시작했던 워런 버핏에게 가장 후회되는 일이 무엇이냐 물었더니 '너무 늦게 주식 투자를 시작한 것'이라고 답했다고 합니다. 이 책을 읽게 될 청소년, 그리고 초보 투자자들에게 꼭 전해 주고 싶은 얘기입니다.

주식 투자와 관련된 지식과 경험은 이해하고 습득하는 데 많은 시간과 노력이 필요하기 때문에 조금이라도 일찍 시작하는 것이 유리합니다. 시간이 많으면 조금씩만 노력해도 되지만 그렇지 않다면 상대적으로 많은 노력을 기울여야 일찍 시작한 사람과 똑같거나 비슷한 결과를 얻을 수 있습니다. 심지어 시간이 부족하다면 아무리 노력해도 이루지 못할 수도 있습니다.

주식 투자는 돈을 걸고 따는 도박 같은 일이 아닙니다. 돈을 벌어들이는 생산 수단을 가진 기업의 일부를 사서 그 이익을 나누어 갖는 일입니다. 기업이 돈을 버는 방법 중 하나는 시대의 유행이나 트렌드에 잘 맞는 제품이나 서비스를 제공하는 것이며 주식 투자는 이런 일을 잘하는 회사를 골라내는 일입니다.

나이가 어리거나 젊을수록 유행이나 트렌드에 민감합니다. 이 능력을 소비를 하는 데만 이용할 것이 아니라 투자를 하는 데 이용하면 세상을 보는 눈이 보다 깊고 넓어지게 됩니다. 주식 투자에 대해 이해를 하게 된다면 소비의 주체로서 세상을 보는 데 그치지 않고, 세상을 생산의 수단으로도 볼 수 있게 되기 때문입니다.

이 책은 총 7개의 장으로 구성되어 있습니다. 전반부에는 주식이 무엇인지, 주식의 가격은 어떻게 결정되는지, 주식 투자로 어떻게 돈을 벌 수 있는지, 주식 거래는 어떻게 하는 것인지 등 주식 투자에 대한 기초적인 내용들을 다루었습니다.

그리고 후반부에는 주가는 왜 오르내리는 것인지, 어떤 회사에 투자하는 것이 나은지와 같은 투자 방법에 대한 얘기와 함께 주식 투자는 어떻게 해야 하는 것인지, 그리고 성공적인 주식 투자를 위해 필요한 것은 무엇인지와 같은 초보 투자자가 알아 두어야 할 성공 투자의 메커니즘에 대해서도 다루었습니다.

이 책 한 권으로는 주식 투자에 대한 모든 것을 이해하거나 성공적인 투자를 하기는 어려울 것입니다. 하지만 주식 투자를 막 시작하려고 하는 청소년들과 나이로는 이미 어른이 되었지만 금융 지식은 아직 청소년 수준에 머물러 있는 사람들에게는 올바른 주식 투자의 길로 들어서는 효과적인 투자의 나침반이 될 수 있을 거라 생각합니다.

박성현

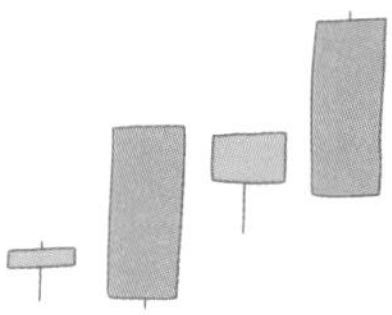

목차

제1장 주식이 대체 뭐길래

제2장 궁금해, 주식의 가격

제3장 주식 투자로 어떻게 돈을 벌까?

제4장 주식 거래, 나만 따라 해!

제5장 주식 투자에도 방법이 있다

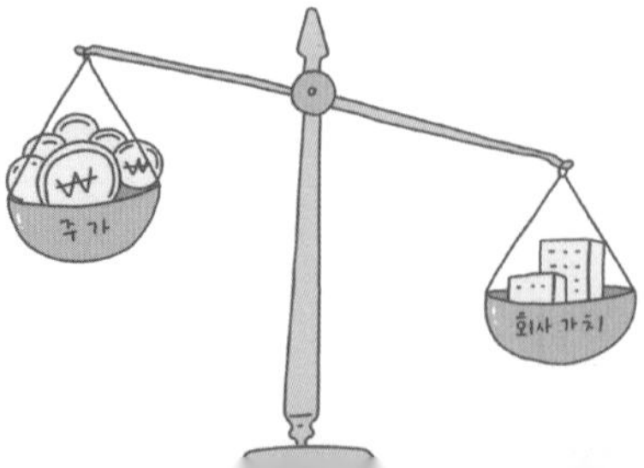

프롤로그

정말로 어렵게 얻은 면접 기회였다. 그래서 절대로 놓쳐서는 안 된다고 다짐을 하고 또 다짐을 했다. 하지만 세상일은 생각처럼 되지 않을 때가 많다는 것을 깨닫게 되는 데는 그리 오랜 시간이 걸리지 않았다.

"먼저 간단하게 자기소개를 해 주세요."

면접관의 딱딱한 말투에 한 줄기 식은땀이 이마를 따라 뺨으로 주르륵하고 흘러내렸다.

"안녕하십니까? 128번 지원자 구연상이라고 합니다. 저는 학창 시절 세계 청소년 태권도 선수권 대회에서 우승을 했을 정도로 촉망받는 태권도 선수였습니다. 갑작스러운 사고로 발목 부상을 당해 선수 생활을 계속할 수는 없었지만……."

"자기소개는 그 정도면 됐어요. 여기 입사 지원서에 이미 다 나와 있는 내용이잖아요. 다음으로 우리 회사에 지원하신 동기를 말씀해 주시겠어요?"

몇 날 밤을 지새우며 준비했던 자기소개를 갑자기 그냥 건너뛰게 되자 긴장했던 마음이 더 조급해지기 시작했다.

"그…… 그게…… 제가 우진전자 제품 중에 그…… 전기 자전거 있잖아요. 그걸 제가 타 봤는데……."

순간 다시 한번 면접관이 내 말을 가로막았다.

"저기…… 죄송한데…… 저희 회사는 우진전자가 아니라…… 우성전자입니다."

나는 졸지에 입사 지원을 한 회사의 이름도 모르는 바보 멍청이가 되어 있었다.

"아…… 예…… 제가 너무 실수를 해서 긴장을……."

"긴장을 해서 실수를 하셨겠지요."

면접관은 내 사소한 말실수도 그냥 지나치는 법이 없었다. 그리고 변명을 듣는 시간조차 아깝다는 듯이 곧바로 다른 질문을 했다.

"우리 회사는 수출 비중이 높아서 환율에 대한 이해도가 높아야 합니다. 원 달러 환율의 저환율 상황에서 우리 기업과 경제에 각각 어떤 일이 일어나게 되는지 설명을 해 주실 수 있을까요?"

순간 나는 당황하지 않을 수 없었다.

"지…… 질문을…… 다시 한번 말씀해 주시면 안 될까요?"

"저환율 상황에서 우리 기업과 경제에 각각 어떤 일이 일어나게 되는지 설명을 해 주세요."

면접관은 조금 전보다 큰 목소리로 또박또박 말했다. 하지만 그렇다고 해서 내가 전혀 몰랐던 내용을 갑자기 알 수 있게 될 리는 만무했다.

"죄…… 죄송합니다…… 자…… 잘 모르겠습니다."

면접관은 그제야 자신이 지원한 회사의 이름조차 모르는 지원자와 더 이상 지루한 면접을 이어 갈 필요는 없다고 판단했는지 씨익 하고 미소까지 지으며 말했다.

"운동만 열심히 하느라 경제 공부는 못 하신 모양이네요."

잠시 후 나는 힘없이 면접장을 나올 수밖에 없었다. 내 인생이 저환율인가 뭔가 하는 것 때문에 바닥으로 떨어졌다고 생각하니 화가 치밀어 올랐다. 하지만 그때까지만 해도 면접을 망친 나에게 훨씬 더 큰 시련이 기다리고 있는 줄은 전혀 예상하지 못했다. 최악의 면접을 본 날, 고등학교 친구들과의 모임이 있다는 것은 가히 좋은 타이밍은 아니었던 것이다.

약속 장소에 도착했을 때 가장 먼저 나를 반겨 준 것은 배꼽 친구 한가였다. 한가는 나와 같은 유치원, 같은 초등학교, 같은 중학교, 같은 고등학교를 다닌 것도 모자라 어머니들끼리 산후조리원

동기이기까지 했다. 나를 따라 태권도를 시작했지만 실력이 변변치 않아 내가 부상으로 선수 생활을 그만두었을 때 녀석도 따라서 그만두었을 정도로 의리 있는 녀석이기도 하다. 하지만 녀석은 질문 한 번에 열 번 정도 대답을 한다 하여 '일문십답'이라는 별명을 가지고 있을 정도였다. 말이 너무 많은 수다쟁이라서 귀찮을 때가 많았다.

자리에 앉자마자 녀석은 마치 비밀 이야기라도 전하듯 속삭이며 말했다.

"너 지선이 캐나다에서 돌아왔다는 얘기 들었어?"

"정말?"

나는 반가운 마음에 두 눈을 동그랗게 뜨고는 재차 확인했다.

"오늘 온다던데?"

고등학교 졸업을 하자마자 캐나다로 유학을 떠나 버렸던 첫사랑 지선이가 온다는 소식에 마음이 두근거렸다. 그런데 마침 그때, 친구들이 웅성거리며 일제히 TV를 쳐다보았고 나 역시도 무슨 일인가 싶어 고개를 돌려 TV를 바라보았다.

"와! 배당주 저 녀석 정말 대단한데."

"이럴 줄 알았으면 고등학교 때 잘해 줄걸…."

TV에는 고등학교 시절 같은 반이었던 당주가 뉴스에 출연해 아나운서와 인터뷰를 하는 모습이 나오고 있었다.

"최근에 로열 아너 소사이어티 최연소 멤버가 되셨다면서요? 소감이 어떠신가요?"

아나운서의 질문에 당주는 편안한 말투로 대답을 했다.

"마땅히 해야 할 일이라고 생각하고 있고 앞으로도 계속해서 할 일이라고 생각합니다."

"역시 좋은 말씀입니다. 요즘 대학생들이 가장 존경하는 젊은 리더 1위에 선정되신 이유를 알겠네요. 참고로 잘 모르고 계신 시청자 분들도 계실 것 같아 다시 한번 말씀드리자면, 로열 아너 소사이어티 멤버가 되기 위해서는 누적 기부액이 100억 원 이상이어야 한다고 합니다."

아나운서의 멘트가 끝나자마자 친구들은 일제히 환호성을 질러 대며 "정말 대단하다!", "당주가 우리 친구라니…." 같은 감탄을 쏟아 냈다.

주식 투자로 크게 성공해 엄청난 부자가 된 당주는 내 머릿속에서는 별 기억이 없다. 그도 그럴 것이 녀석은 학창 시절 일진들의 빵 셔틀이나 하며 구석에 조용히 찌그러져 있던 불쌍한 녀석이었을 뿐이었다. 반면 나는 세계 청소년 태권도 선수권 대회에서 우승을 했고 친구들 사이에서도 인기가 아주 많았다. 요즘 말로 당주는 '아싸', 나는 '인싸'였던 것이다. 하지만 지금의 녀석과 나는 학창 시절의 상황과는 정반대로 역전되어 있었다. 나는 면접이 하루 일과가 되어 버린 백수, 당주는 방송에 출연할 정도로 인기 있는 부자가 된 것이다.

"와, 저 녀석 정말 대단하네. 그런데 너 오늘 면접 봤다며? 어땠어? 이번엔 될 거 같아?"

한가 녀석이 눈치도 없이 내 아픈 곳을 연속해서 두 번이나 콕콕 찔러 댔다.

"대단하긴 뭐가 대단해. 주식 투자? 그거 다 도박 같은 거야. 쉽게 번 돈은 쉽게 나간다는 거 몰라? 돈은 열심히 땀 흘려 일을 해서 벌어야지!"

나는 퉁명스런 말투로 당주의 성공을 애써 깎아내렸다. 그렇게라도 해야 지금의 내 처지를 조금이라도 위안받을 수 있을 것만 같았다.

"그런데 왜 나한테 화를 내고 그래!"

"내가 언제 화를 냈다고 그래!"

한가와 쓸데없는 말들로 옥신각신하고 있을 무렵 아이들이 일제히 일어나더니 이제 막 도착한 누군가를 에워싸며 환호를 했다. 혹시 고등학교 시절 인기가 많았던 음악 선생님이라도 깜짝 방문을 한 것일까 하는 기대로 문 쪽을 바라본 나는 보지 말아야 할, 아니 보지 않았으면 했던 장면을 목격하고 말았다.

내가 그토록 기다렸던 지선이가…… 고등학교 시절보다 천만 배는 더 예뻐진 그 지선이가……

내가 그렇게도 질투했던 당주와…… 고등학교 시절 나보다 천만 배는 인기가 없었던 그 당주와 함께……

다정하게 팔짱을 끼고 나타난 것이다.

나는 어질어질 혼미한 정신을 느끼며 먼발치에서 친구들의 이야기를 엿들었다. 대부분은 당주의 성공을 축하하거나 오랜만에 만난 지선이의 근황을 묻는 것들이었지만 내 귀에 또렷하게 꽂힌 한마디는 지선이의 청천 날벼락 같은 발표였다.

"얘들아…… 당주랑 나…… 다음 주에 결혼해!"

당주랑 다음 주…… 라임이 꽤 잘 맞는 것 같다는 한심한 생각을 마지막으로 그 뒤의 일들은 정확히 기억이 나지 않는다. 지금까지 살아오면서 마셨던 술을 다 모은 것보다 더 많은 술을 마셨던 것과 한가의 품에 안겨 질질 울었던 것만 빼고…….

급기야 나는 정신을 잃고 그 자리에서 쓰러지고 말았다.

1

주식이 대체 뭐길래

주식회사
주주
주주
주주
자본금
자본금
자본금

또 망쳤다.
면접 질문이 뭐였더라?
어…
저 그게 환율이
낮다는 것은…
어, 그러니까….
저환율 상태가 지속될 경우 원화 강세를
보이며 우성전자와 같은 해외 수출 기업은
수출에 어려움을 겪지만….
술술~
다른 사람은 어떻게
그런 질문에 척척 대답도
잘하는 걸까?
나는 왜 그런 것도 모른 채
어른이 된 걸까?

나도 한때는 잘나갔는데…
고등학생 때만 해도 나를 무시하는 사람은 없었어.
하하하
인기 많다?
뭐래.
빼빼로
금메달은 구연상!
우아!
와
금
그때 부상을 당하지 않았더라면…
금

태권도를 계속했더라면 내 인생이
지금과는 달라졌을 텐데….
그렇다고 후회만 하고
있을 수는 없어.
그래, 당주….
그때 참 많이도
놀렸지.
야 너 뭐 보냐?
성공하는 주주의 핵심 전략?
그것도 시험 범위냐?
성공하는
주주의
핵심 전략
아니, 이건 그냥
내가 관심 있어서…
시무룩

뭐라고? 안 들려.
!!
아, 아무것도 아니야!
면접 전에 경제 신문 좀 볼걸.
환율이 또 상승했군.
아니 그걸로는 모자라!
에잇!
단 한 번만 그때로 돌아갈 수 있다면…!

이게
하늘이 내게 준 기회인가?

흐릿하게 밝아진 눈을 뜨고 정신이 돌아왔을 때, 맨 처음 보인 것은 고등학교 시절 이마에 여드름이 가득했던 한가 녀석의 못생긴 얼굴이었다.

연상 지금 내가 꿈을 꾸고 있는 건가?
나 지금··· 왜 이러고 있는 거냐?
한가 괜찮아? 방금 머리에 축구공 맞고 잠깐 기절했었어.

한가의 목소리였다. 내 시야로 걱정스러운 표정의 한가가 나를 빤히 내려다보고 있는 것이 보였다. 그런데 녀석이 입고 있는 옷이 조금 이상했다.

연상 너 왜 그래. 교복까지 입고 지금 뭐 하고 있는 거야?

한가 학생이 교복 입지, 뭐 군복 입냐?

교복 차림에 좀 더 어려진 모습이기는 했지만 한결같이 못생기고 말이 많은 것을 보니 내 친구 한가가 틀림없었다.

한가 다행히 죽지는 않았네. 그만 일어나, 가자!

그리고 얼마 후 나는 내가 있는 곳이, 좀 더 정확하게 말하면 내가 있는 '때'가 학창 시절의 고등학교 운동장이라는 것을 깨달았다. 내가 갑자기 타임머신을 타고 과거로 돌아온 것인지, 축구공을 맞고 쓰러져 정신을 잃는 동안 나의 암울한 미래를 잠시 잠깐 보게 된 것인지 분간이 되지 않았다. 최악의 하루였던 그 면접날을 제외하고는 아무 생각도 나지 않으니 너무나도 생생한 악몽을 꾼 것일 수도 있겠다는 생각이 들기는 했다.

고등학교 2학년 새 학기 첫날, 오전 수업 시간 내내 나는 정신이 반쯤은 나가 있었던 상태였다. 그런데 점심시간이 되어 조금 정신을 차렸을 때쯤 다른 반에서 우르르 몰려온 학교 골칫덩이들의 목소리가 들려왔다. 그리고 일상인 듯 자연스럽게 괴롭힘을 당하고 있는 당주의 목소리도 들렸다.

당주 오늘은 정말 돈 없다니까…….

우리나라 최고의 주식 부자, 아니 부자가 될, 아니 될 수도 있는 당주였다.

연상 쟤 뭐야?

나는 속삭이듯 한가에게 물었다.

한가 누구?

한가가 뒤쪽을 힐끗 보더니 끼어들지 않는 게 좋다는 듯 말했다.

한가 에이, 그냥 놔둬. 쟤네들 잘못 건드렸다가 괜히 골치 아픈 일만 생겨. 쟤네 아버지가 돈이 겁나게 많나 봐. 우리 학교 실내체육관도 쟤네 아빠가 지어 줬다는 얘기가 있어. 비트 코인으로 벼락부자가 되었다나 뭐라나.

연상 괴롭히는 애 말고. 괴롭힘당하는 애 말이야.

한가 쟤? 당주?

한가가 이번에는 당주를 힐끗 보더니 말했다.

한가 당주는 왜?

나는 뭔가에 홀린 듯 천천히 자리에서 일어나 녀석들에게 다가갔다.

연상 야! 너희들 그만 너희 반으로 조용히 돌아가 주지 않을래?

패거리 녀석들은 갑자기 나타난 내가 가소롭다는 듯 비아냥대기 시작했다.

패거리 오, 뭐야 너? 네가 얘 보호자라도 되나 보지? 둘이 친구야? 이번 기회에 너도 같이 빵 셔틀 해 볼래?

그날 나는 경기장이 아니라면 절대로 보여 주지 않았던 나의 주특기인 360도 윈발 돌려 차기를 교실 안에서 해야만 했고, 녀석들 중 한 명이 곧바로 응급실로 실려 가는 바람에 엄마가 학교에 소환되는 고초를 겪어야만 했다. 물론 골칫덩이 패거리 녀석들은 그날 이후로 다시는 우리 교실에 얼씬도 하지 않았다.

당주는 자신을 도와준 것에 대한 보답이라며 거의 매일매일 빵과 과자, 아이스크림 따위를 나에게 가져다주었다. 몇 번이나 괜찮다며 그만두라고 했지만 자기는 빚을 지고는 살지 못하는 성격이라며 스스로 빵 셔틀을 자처했다.

그러던 어느 날, 운명적인 일이 생겼다. 녀석이 나에게 빵 대신 다른 것을 주기 시작한 것이다. 그날도 당주의 한 손에는 빵 한 봉

지가 들려 있었다. 너무 자주 봐서 그런지 이제는 당주가 원래부터 친했던 친구라는 착각까지 들었다.

연상 그런데 너, 정말로 열 살 때부터 주식 투자를 했어?

나는 조심스럽게 그동안 무척이나 궁금했지만 혹시나 하는 마음에 물어보지 못했던 질문을 했다.

당주 아니.

그럴 리 없었다. 내가 미래에서 본 당주의 인터뷰 내용 중에는 녀석이 열 살 때부터 주식 투자를 시작했고, 어린 나이에 주식 투자를 하게 된 것이 성공의 비결 중 하나였다고 분명히 말했기 때문이다.

당주 열 살이 아니라 열두 살.

하지만 내 미소는 1초도 되지 않아 싹 하고 사라져 버렸다.

연상 아, 맞다. 열두 살이라 그랬다.

한가 너 지금 뭐 하냐?

한가가 한심스럽다는 듯 나를 쳐다보았다.

한가 너 아직까지도 그 꿈이 진짜 미래에 벌어질 일이라고 생각하는 거야?

연상 아니 그럼 내가 어떻게 얘가 열 살, 아니 열두 살 때부터 주식 투자를 했다는 걸 알고 있겠냐고?

한가 그냥 어디서 주워들었겠지. 그 무의식인가 뭔가 하는 그런 거 있잖아.

나는 사실 성인이고, 나도 이유는 모르지만 어쩌다 과거로 되돌아온 거라고 아무리 설명해도 소용없었다. 한가와 내가 목소리를 높여 가며 말싸움을 벌이자 당주가 멍한 눈으로 바라보더니 한마디를 했다.

당주 뭐? 내가 주식으로 부자가 된다고?

연상 그래! 좋아 내가 꿈을 꿨다 치자! 내가 꿈에서 미래를 보고 왔는데 말이야. 네가 막….

당주는 내 말이 채 끝나기도 전에 뭐에라도 홀린 듯 혼잣말을 중얼거렸다.

당주 그래 그거야! 너도 혹시 주식 배우고 싶어?

연상 응! 배우고 싶어. 네가 가르쳐 줄 수 있어?

당주 좋아. 솔직히 나도 이런 빵 같은 걸로는 평생을 가도 너에 대한 고마움을 갚지 못할 거라고 생각하고 있었거든. 내가 알려줄게. 주식 투자, 하나도 빠짐없이! 알고 있는 것 전부 다!

그게 시작이었다. 그날 이후로 당주는 점심시간을 이용해 하루에 30분 정도씩 한가와 나에게 주식 투자에 관한 일종의 과외를 해 주기 시작했다.

그러니까 주식이 뭔데?

한가 그런데 나는 지금 왜 여기에 앉아 있는 거냐?

나와 함께 당주의 주식 수업을 받기 위해 앉아 있던 한가가 물었다.

연상 그냥 형 믿고 너도 배워. 주식 잘하면 부자가 되기도 한다는데, 의리 없이 나 혼자만 부자가 될 수는 없지.

운동을 그만두고 나서 다시 시작한 학교 공부를 따라가는 건 힘든 일이었지만 당주 녀석처럼 부자가 된다면 내 암울할 수도 있는 미래도 바뀌게 되지 않을까 하는 실낱같은 희망이 있었다. 그래서 이 기회를 놓치지 말아야겠다고 생각했다. 나에게 당주는 존재감 없는 친구가 아니라 대한민국 최고의 주식 투자 전문가로 보였다.

연상 주식, 그거 어떻게 하는 건지부터 설명해 봐.

당주 주식 투자에 대해 알고 싶다면 우선 투자가 뭔지 알아야 돼. 혹시 투자가 뭔지는 아니?

한가 지금 장난해? 우리가 그런 것도 모를까 봐? 부동산 투자, 주식 투자, 뭐 그런 게 투자지. 돈으로 부동산이든 주식이든 산다는 거잖아.

당주 그래, 어느 정도 맞아. 그럼 자본 소득하고 노동 소득이 어떻게 다른 건지도 알고 있겠구나?

한가 자, 자본 뭐?

의기양양하게 아는 척을 했던 한가의 목소리가 모깃소리처럼 작아져 버렸다.

당주 자본은 쉽게 말하자면 돈이라고 할 수 있어. 자본 소득은 돈으로 돈을 버는 것을 말하는데 그걸 바로 투자라고 하지. 그러니까 투자로 번 돈을 자본 소득이라고 할 수 있는 거야.

연상 돈으로 돈을 번다고? 돈은 일을 해야 벌 수 있는 거 아냐?

아빠처럼 회사에 가거나 편의점에서 아르바이트를 하거나…….

당주 그렇게 일해서 번 돈을 노동 소득이라고 해.

연상 노동 소득이라는 건 뭔지 알 것 같기도 해. 그런데 돈으로 돈을 어떻게 벌 수 있는 건데?

일하지 않고도 돈을 벌 수 있다니, 생각도 해 보지 못했다.

당주 은행에 돈을 맡기면 이자를 받을 수 있지? 그럼 그 이자는 네가 번 걸까, 아니면 네 돈이 번 걸까?

연상 그야, 내가 저금을 한 거니까 내가 번 거 아냐?

당주 물론 저금한 돈을 마련하기까지 너도 노력은 했겠지. 그렇지만 이자는 네가 일해서 생긴 돈이 아니야. 저금한 돈의 크기에 따라 받게 된 이익이기 때문에 노동 소득이라기보다는 자본 소득이라고 할 수 있는 거야. 혹시 불로 소득이라고 들어 본 적 있니?

연상 불로 소득? 뉴스 같은 데서 많이 들어 본 것 같은데…… 불로… 그러니까 일하지 않고 번 돈이라는 뜻 아냐?

당주 그래 맞아. 그런데 이 세상에 과연 불로 소득이라는 게 있을까? 하다못해 은행에 저금을 해서 이자를 받고 싶어도 어떤 은행이 더 높은 이자를 주는지도 찾아봐야 해. 실제로 주식 투자나 부동산 투자를 할 때에는 더 많은 노력이 필요해. 여러 정보를 찾아서 분석해야 하거든.

한가 아, 그만, 그만. 무슨 소린지 하나도 모르겠어. 뭐가 그리 복잡해?

당주 미안. 사실 이런 것까지 다 이해할 필요는 없어. 어쨌든 투자는 돈으로 돈을 버는 일이라고만 알고 있어도 돼. 투자가 뭔지 알았으면 이번에는 주식이 뭔지도 알아야겠지?

한가 그 정도는 우리도 잘 알아. 삼성전자, 현대차 뭐 그런 게 주식 아니야?

당주 삼성전자나 현대차는 주식이 아니라 기업이지. 주식은 그 기업의 자본을 이루는 단위를 말하는 거고.

한가는 그새 지루하고 답답했나 보다.

한가 그거나, 그거나.

뭔가 아는 척하려던 한가는 말끝을 흐리며 머리를 긁적일 수밖에 없었다.

연상 한가야, 좀 가만히 있어 줄 수 없겠니?

한가는 지금 나누는 이야기가 우리의 미래를, 인생을 통째로 바꿀지도 모른다는 것을 전혀 알 리 없었다.

한가 내가 뭘.

연상 당주야, 계속해 봐.

당주는 주식이 무엇인지부터 천천히 그리고 알기 쉽게 설명해 주었다.

당주 우리가 흔히 회사라고 부르는 기업은 크게 두 가지로 구분할 수 있어. 먼저 회사의 주인, 그러니까 주인이 한 사람인 회사가 있는데, 우리가 주변에서 흔히 볼 수 있는 치킨집, 피자집, 떡볶이집, 문방구, 슈퍼마켓 같은 작은 가게들 역시 한 사람이 주인인 기업, 개인 회사라고 할 수 있는 거야. 보통 이런 회사들을 자영업이라고 하는데 한 사람의 주인이 스스로 사업을 운영하는 회사라고 생각하면 돼. 그리고 회사의 주인이 여러 명인 주식회사도 있어. 주식 투자는 주식회사에 돈을 투자하는 것을 말하는 거야.

연상 그럼 자영업, 그러니까 네가 말한 개인 회사에는 투자를 할 수 없는 거야?

당주 물론 할 수는 있지. 하지만 그런 건 보통 동업이라고 하지 주식 투자라고 하지는 않아. 주식회사는 투자할 수 있는 주식의 단위를 10원이든 100원이든 미리 정해 놓고 누구든지 주식을 사서 투자할 수 있게 해. 그리고 이렇게 투자가 가능한 주식회사들은 상장사와 비상장사로 나뉘어.

연상 상장사와 비상장사? 그건 또 뭔데?

주식 투자 공부가 생각보다 만만한 것은 아니라는 생각이 들었다.

한가 아, 몰라, 몰라. 머리 아파. 그냥 일해서 돈 버는 게 낫겠다.

한가 녀석은 주식 투자 공부를 시작한 지 5분도 안 되었는데 아예 포기 모드로 돌아서 버렸다. 하지만 처절한 미래를 이미 겪은 나는 한가처럼 한가할 수 없었다.

당주 물론 일을 해서 돈을 벌어야 그 돈으로 주식 투자를 할 수도 있겠지. 하지만 언젠가 나이가 들면 일을 하지 못하게 돼. 그때는 어떻게 할 건데?

한가 그러게, 그때는 어떻게 해야 되는 거냐?

당주 그때부터는 돈이 돈을 벌게 해야 해. 그게 바로 투자인 거고. 주식은 여러 투자 방법 중 하나인 거야.

괜한 꼬투리에 본전도 못 건진 한가가 급히 말을 돌렸다.

한가 아까 말한 것 계속해 봐. 상장사? 그게 뭔데?

당주 상장은 시장에 올린다는 뜻이야. 여기서 시장은 주식 시장을 말하는 것이고. 그러니까 회사의 주식을 시장에 올려서 누구나 사고팔 수 있게 하는 것이 상장사인 거야.

연상 그럼 상장을 하지 않은 비상장사의 주식은 사고팔 수가 없는 거야?

당주 그렇지는 않아. 하지만 적어도 주식을 사고파는 주식 시장, 주식 거래소에서 그 주식은 거래할 수 없어.

연상 주식 거래소? 그건 또 뭔데? 갈수록 태산이구나. 뭐 이렇게 알아야 하는 게 많아! 난 그냥 주식 투자만 알면 되는데. 주식은 그냥 돈 주고 사면 되는 거 아니었어?

나는 빨리 본론으로 들어갔으면 했지만 당주는 계속해서 다른 얘기만 했다.

당주 뭐가 이렇게 급해. 이런 것조차 모르고 주식에 투자했다가는 돈을 잃을 수밖에 없어. 주식 투자를 하는 방법은 어렵지 않아. 하지만 주식 투자를 해서 돈을 버는 방법은 쉬운 일이 아니야.

연상 알았어. 알았어. 그럼 계속해 봐. 어디까지 했었지. 그 뭐냐, 거래소가 뭐랬지?

당주 우리나라에는 크게 두 개의 주식 거래 시장이 있어. 코스피와 코스닥.

코스피? 코스닥? 이건 나도 뉴스 같은 데서 많이 들어 본 말이었다.

당주 오늘 하루 코스피 지수가 크게 떨어졌다거나, 코스닥 지수가 올랐다는 등 이런 얘기들은 매일매일 뉴스에서 들을 수 있지. 정확히는 증권 시장에 상장된 기업들의 주가를 나타내는 지표인데 주식 시장을 뜻하는 말이기도 해.

아니 그게 주식을 거래하는 거래 시장을 말하는 거였다니, 나는 생각보다 정말 모르는 게 많았다.

당주 코스피는 대한민국 증권 시장의 종류 중 하나라 할 수 있는데, 코스피에 상장된 기업들은 자기 자본 300억 원 이상, 최근 매출액 천억 원 이상, 3년 평균 매출 700억 원 이상 등의 조건에 맞는 회사들로 주로 규모가 큰 회사나 대기업들의 주식이 이 코스피 시장에서 거래가 되는 거야.

당주는 코스닥에 대해서도 자세하게 설명해 주었다.

당주 코스닥에 상장된 기업들은 보통 자기 자본 10~30억 원 이상, 시가 총액 90억 원 이상이야. 코스피 상장 기준보다는 기준이 다양하고 까다롭지 않아. 그렇다고 해서 코스닥 상장 심사가 만만하다는 뜻은 아니야. 코스닥에는 코스피에 낄 정도로 규모가 크지는 않지만 앞으로 발전할 가능성이 높은 중소형 기업들이 많이 상장돼 있어.

주식 투자를 하기 전에 이건 꼭 확인하자!

이제 주식이 무엇인지 정도는 대충 알 것 같았다. 그래서 나는 본격적으로 주식 투자를 어떻게 하는 것인지에 대해서도 배워 보기로 했다.

연상 그럼 주식 투자는 어떻게 하는 건데?

당주 만약에 너하고 친한 친구가 새롭게 치킨집을 차려서 치킨을 판다고 해 볼게. 그런데 장사를 할 돈, 그러니까 자본금이 부족해서 너한테 투자를 해 달라고 부탁한다면 어떻게 해야 할까?

한가 당연히 투자해 줘야지! 친한 친구라며! 남자는 의리지!

한가가 또 끼어들었다.

연상 제발 가만히 좀 있어 줄래?

나는 의리로 돈을 투자하면 안 된다는 것쯤은 알고 있었다.

당주 나는 주식 투자를 '회사의 일부를 돈으로 산 다음 수익을 나누는 일'라고 생각해. 만약 친구의 부탁을 들어줘서 단 100원이라도 투자를 한다면 그 친구의 치킨집 중 일부는 네 것이 되는 거야. 또 친구의 치킨집에서 벌어들이는 수익에서 네가 투자한 만큼 가져갈 수 있게 되는 거야.

한가 어, 그러고 보니 정말 쉽고 편하게 돈 버는 일이네? 치킨집에서 알바하는 것보다는 백만 배는 쉽겠다!

당주의 말에 한가도 관심을 보이는 것 같았다.

당주 하지만 친구의 치킨집에 돈을 투자할 때 크게 두 가지 정도 따져 볼 점이 있어.

연상 그게 뭔데?

당주 그 첫 번째는 투자의 규모야. 너무 적게 투자하면, 수익도 적을 거야. 1억 원짜리 치킨집에 100원을 투자한다면, 그 치킨집에서 1억 원을 벌어들인다 하더라도 네가 얻게 되는 수익

은 100원뿐일 거야.

한가 에계계, 100원?

당주 그리고 두 번째는 이익의 규모야. 이익이 적거나 없으면 나누어 받을 수익도 적을 것이고, 오히려 투자한 돈마저 날리게 될 수도 있을 거야. 1억 원짜리 치킨집에 5천만 원을 투자했다 할지라도 그 치킨집이 번 돈이 100원뿐이라면 네가 얻게 되는 이익은 100원의 절반인 50원뿐이야. 심지어 이익이 생기지 않아 망하게 된다면 투자한 돈을 몽땅 잃게 될 수도 있을 거야.

많이 벌고 싶으면 많이 투자해야 하는데, 많이 투자하면 위험하기도 하다는 뜻이었다.

당주 주식 투자를 '단순히 주식을 샀다가 팔아서 수익을 얻으려고 할 경우' 바로 이 두 가지의 문제에 부딪히게 될 거야. 주식 투자에 성공하려면 미리 알고 확인해야 할 것들이 많아.

한가 그런데 가만히 듣다 보니까 궁금한 게 있는데, 친구네 치킨집에 투자할 때와 주식에 투자할 때 확인할 게 똑같은 거야?

한가 녀석이 고개를 갸웃거리며 물었다.

당주 거의 똑같아. 친구의 치킨집에 투자하기 전에 확인하고 점검해야 할 일들을 하나씩 살펴보면 주식 투자를 어떻게 해야 하는지도 이해할 수 있을 거야.

주식이란?

주식회사의 자본을 이루는 단위입니다. 자본이 필요한 기업은 주식을 발행해서 투자할 사람을 모읍니다. 주식을 산 사람은 주주로서 그 회사의 주식을 가진 만큼 권리를 행사할 수 있습니다.

상장사와 비상장사란?

투자가 가능한 주식회사들은 상장사와 비상장사로 나뉩니다. 상장사의 주식은 주식 정규 시장에서 누구나 사고팔 수 있습니다. 비상장사의 주식은 정규 주식 시장에서 사고팔 수 없습니다.

코스피와 코스닥이란?

코스피와 코스닥은 증권 시장에 상장된 기업의 전체적 주가를 나타내는 지표이자 주식 시장을 뜻합니다. 주식 시장은 코스피와 코스닥으로 나뉘는데 코스피는 자기 자본금 300억 원 이상의 규모가 비교적 큰 회사들의 주식을 취급합니다. 코스닥에는 자기 자본금 10~30억 원 이상으로 규모가 상대적으로 작은 회사들의 주식을 취급합니다.

주식 투자할 때 확인해야 할 두 가지는?

투자와 이익의 규모입니다. 너무 적게 투자하면 손실이 적다는 장점이 있지만 이익도 적다는 단점이 있습니다. 반대로 너무 많이 투자하면 손실이 크다는 단점이 있지만 이익이 크다는 장점이 있습니다. 이를 잘 고려하여 주식 투자를 하는 것이 중요합니다.

2

궁금해, 주식의 가격

이건 분명 하늘이 준 기회야.
어쩌면 이번 미래엔
내가 지선이와
결혼할지도 몰라.
뭐 하냐? 매점 가자.
툭!
안 돼. 나 바빠,
공부해야 돼.
단호!
힐끔
사실 주식이란 거는,
어른 되면 다 알게 되는 거 아니야?

어리석은 녀석….
어른이라고 주식을 다 아는 게 아니야!
?
한시가 급해.
당주 녀석에게 더 빠른 길을
알려 달라고 하자.
쾅
야, 배당주!
!!
나도 이제 코스피, 코스닥 아니까
이제 언제, 어디에, 어떻게 투자하면
되는지 알려 줘!
빨리 말해, 빨리!
흔들 흔들

성공 투자
제 3고개
-매수와 매도
제 2고개
-가치 투자
제 1고개
-투자의 개념
지름길
자, 우린
이쪽으로
너 일부러 빙빙
돌아가는 건 아니지?
입구

급하게 가면 안 돼.
날 믿고 차근차근!

진짜?
그럼 나 믿는다?

응! 날 믿고,
우리 같이 가자!

누가 운영하는 회사인가?

당주 한가야, 너는 친구가 같이 치킨집을 하자고 투자를 제안하면 어떤 생각이 들 거 같아?

당주는 주식 투자는 친구의 치킨집에 투자하는 것과 비슷한 것이라며 이렇게 물었다.

한가 그야, 얼른 한다고 하겠지!

연상 나는 녀석이 믿을 만한 녀석인가를 생각해 볼 것 같아.

나도 지지 않으려고 대답했다.

당주 맞아. 돈을 빌리고 제대로 갚지 않아서 마음고생을 시켰던 친구였거나, 거짓말을 밥 먹듯 하는 친구라면 내 소중한 돈을 투자하는 일 따위는 절대로 생기지 않겠지.
회사에 투자하는, 즉 주식 투자를 할 때도 그 회사를 운영하는 경영진이 과연 문제가 없는 사람들인지를 확인해 보는 것은 아주 당연한 일이야.

당주의 얘기는 한마디로 회사를 운영하는 사람이 어떤 사람인지를 살펴봐야 한다는 것이었다.

한가 그런데 그런 걸 무슨 수로 알아?

당주 그래 맞아. 평범한 투자자, 특히 초보 투자자가 어떤 회사의 경영진에 대해 잘 알아보는 일은 쉽지 않아. 어떤 사람들은 신문 기사에 나오는 인터뷰 같은 걸 통해서 경영진의 사업에 대한 신념이나 경영 철학 같은 걸 파악해 보기도 하지만 그게 말처럼 쉬운 일이 아니지.

한가 그런 건 회사 홍보하려고 꾸며 낼 수도 있는 거 아냐?

한가가 또 따져 물었다. 녀석이 이제는 제대로 주식 투자 공부를 하려고 마음먹은 모양이었다.

당주 그렇지. 대부분 잘 포장한 홍보성 기사일 가능성이 높지. 하여튼 이렇게 경영진의 능력을 기사만 보고 파악하는 것은 어려운 일이야. 하지만 너무 실망할 필요는 없어. 회사에 대한 데이터를 찾아보면 되니까!

한가 뭐? 그런 게 있어?

당주 그건 바로 그 회사의 과거 경영 실적을 확인해 보는 거야. 주식 투자를 할 수 있는 회사들, 그러니까 주식 시장에 상장된 회사들은 그들의 과거 실적들을 낱낱이 공개하고 있어. 돈을 얼마나 벌었고, 자산은 얼마나 늘었는지 등의 기업의 거의 모든 것들을 기록으로 남겨 공개하지. 그래서 주식 시장에 상장되는 것을 기업 공개라 부르기도 해. 기업 이름을 인터넷에 검색해 보면 클릭 몇 번으로 그 기업의 많은 데이터를 확인해 볼 수 있어.

한가 정말 그런 게 인터넷에 다 나와 있어?

한가가 신기하다는 듯 물었다.

당주 못 믿겠으면 검색창에 기업 이름을 쳐 봐. 기업 개요, 기업 현황, 재무 분석 등 회사 살림살이 정보가 우수수 나올 거야.

주식 투자는 돈을 잘 버는, 혹은 앞으로 돈을 잘 벌 것 같은 좋은 회사에 돈을 투자하고 그 이익을 나누어 갖는 거야. 믿음직스럽고 능력 있는 친구의 치킨집에 투자를 해야 좋은 결과를 얻을 수 있는 것처럼 어떤 회사가 좋은 회사인지를 구별하는 방법을 깨우치는 것이 중요해. 이게 주식 투자의 성공과 실패를 가르게 되거든.

애플이 세상에서 가장 큰 회사일까?

연상 뭐라고? 주식 한 개에 3억 원이 넘는다고?

급식 시간, 밥을 다 먹은 한가 녀석은 어디서 주워들었는지 세상에서 가장 비싼 주식이 얼마인지 아냐며 아는 척을 했다.

한가 너 워런 버핏 알아?

연상 워런 버핏 모르는 사람도 있어? 세계 최고의 주식 부자 아냐?

한가 바로 그 워런 버핏 회사의 주식 한 개의 가격이 무려 3억 7천만 원 정도래.♦

♦ 2018년 5월 기준

한가 녀석이 으스대며 말했다.

연상 나는 애플이 세상에서 가장 큰 회사인 줄 알고 있었는데 그게 아니었나 보네?

한가 어, 이상하다? 우리 삼촌이 그랬어. 버크셔 해서웨이라는 워런 버핏이 운영하는 회사의 주식이 세상에서 가장 비싸다고.

당주 한가 말도 맞아.

연상 뭐야 그럼. 애플도 세상에서 가장 큰 회사고 그 버크셔 뭔가 하는 회사도 큰 회사라고?

당주 정리해서 말하자면, 애플은 세상에서 가장 규모가 큰 회사

고, 버크셔 해서웨이는 주식 한 개의 가격 그러니까 주가가 세상에서 가장 높은 회사야.

연상 무슨 소린지 하나도 모르겠어. 좀 더 자세히 설명해 봐.

규모가 큰 회사와 주가가 높은 회사? 나는 도무지 이해할 수가 없었다.

당주 치킨집을 차리는 데 드는 돈이 총 1억 원이라고 해 볼게. 이 얘기는 곧 이 치킨집은 총 1억 원짜리 기업이라는 뜻이야. 이를 다시 바꾸어 말하면 1억 원이면 이 치킨집을 통째로 살 수 있다는 얘기가 되기도 하겠지? 이걸 주식 시장에서는 '시가 총액'이라고 불러.

연상 시가 총액? 어디서 많이 들어 본 말이야. 삼성전자가 우리나라 시가 총액 1위 기업이라는 얘기를 들었던 것 같은데, 그게 그 소리였구나.

당주 그래 맞아. 만약 그 친구가 치킨집에 투자할 수 있는 단위를 10개의 조각으로 나누었다고 해 볼게. 다시 말해서 이 치킨집은 10개의 주식으로 나누어진 기업인 거야. 주식은 바로 시가 총액의 조각인 '투자의 단위'라 할 수 있는 거지.

한가 그럼. 총 1억 원을 10개의 주식으로 나누었으니까 주식 한 개의 가격은 천만 원인 거네.

당주 바로 그거야. 주식 한 개의 가격, 그걸 바로 '주가'라고 부르는 거야. 이걸 간단한 공식으로 표현하면…….

당주는 책상 위에 있던 작은 노트에 시가 총액과 주가의 관계를 공식으로 적었다.

1억 원(시가 총액) = 10개(주식 발행 수) X 천만 원(주가)

한가 갑자기 웬 공식이야? 공식이라면 수학 시간에 보는 것만으로도 지겨워!

한가의 불평에도 당주는 계속해서 설명을 이어 갔다.

당주 중요한 얘기니까 잠깐만 들어 봐. 친구의 치킨집에 투자하는 방법은 총 10개의 주식 중 몇 개를 살지를 결정하기만 하면 되는 거야. 1개에 천만 원짜리니까 1개를 사려면 천만 원이 필요하고, 2개를 사려면 2천만 원이 필요한 거지. 그리고 다 사려면 10개를 사면 되겠지? 아까 설명했듯이 천만 원짜리 주식 10개를 모두 사려면 총 1억 원, 그러니까 시가 총액만큼 의 돈이 필요한 거야.

당주는 주식 시장에서 거래되는 모든 기업들은 회사를 통째로 살 수 있는 가격(시가 총액)을 잘게 나누어(주식 발행 수) 가격(주가)을 책정한다고 설명해 주었다. 여기서 '주식 발행 수'는 기업이 마음대로 정할 수 있다고도 했다.

당주 만약 친구의 치킨집 주식 발행 수가 10개가 아니라 1개였다면 주식 발행 수는 1개이고, 그 주식 1개의 가격은 시가 총액과 같은 1억 원이었을 거야. 주가가 천만 원이든 1억 원이든 시가 총액은 똑같이 1억 원인 셈이지. 그럼 주가가 1주에 천만 원인 A 회사와 1주에 1억 원인 B 회사 중 어떤 회사의 규모가 더 큰 것일까?

한가 그야, 주가가 1억 원인 회사?

한가 녀석이 자신이 없는지 작은 목소리로 답했다.

당주 땡! 주가만으로는 회사의 전체 규모, 즉 '시가 총액'의 크기를 알 수는 없어. 만약 A 회사는 10억 원짜리 주식을 100개로 나누어 발행해서 주식 한 개의 가격이 천만 원인 것이고, B 회사는 2억 원짜리 주식을 두 개로 나누어 발행해 주식 한 개의 가격이 1억 원인 것이라면, A 회사의 시가 총액은 '천만 원 X 100개 = 10억 원'이고, B 회사의 시가 총액은 '1억 원 X 2개 = 2억 원'이 되는 거겠지.

A 회사의 시가 총액

천만 원(주식 1개의 가격) X 100개(주식 발행 수) = 10억 원

B 회사의 시가 총액

1억 원(주식 1개의 가격) X 2개(주식 발행 수) = 2억 원

당주는 단순히 주가만으로는 회사의 규모는 물론 해당 주식의 주가가 싼 것인지 비싼 것인지도 판단할 수 없다고 말했다.

당주 '주가가 천 원이라고? 이 회사는 규모가 작은 회사인가 보네.' 혹은 '1주에 30만 원? 엄청나게 큰 회사인가 본데?' 이렇게 판단하면 안 되는 거지.

한가 그렇구나. 나는 주가가 높으면 무조건 큰 회사인 줄 알았어. 어쩐지 우리나라 시가 총액 1위 회사인 삼성전자의 주가가

1주에 10만 원도 안 되더라니.

당주는 주식 시장에 거래되는 회사들의 시가 총액, 즉 회사의 가치는 '주식 발행 수 × 주가'로 결정된다고 말했다. 따라서 주가가 오르면 시가 총액도 많아지고, 반대로 주가가 떨어지면 시가 총액, 즉 회사의 시장 가치가 떨어지는 구조인 것이다. 그래서 주식 투자를 하기 전에, 즉 주식을 사기 전에 가장 먼저 살펴보아야 하는 것은 '주가'가 아니라 '시가 총액'이라는 것을 명심해야 한다고도 했다.

당주 덕분에 애플은 시가 총액이 세상에서 가장 큰 회사이기 때문에 세상에서 가장 큰 규모의 회사라고 할 수 있는 것이고, 워런 버핏의 버크셔 해서웨이는 주가는 세상에서 가장 높지만 그렇다고 시가 총액이 가장 큰, 그러니까 회사의 규모가 가장 큰 것은 아니라는 사실을 알게 되었다.

시가 총액을 더 잘게 나누면?

오늘은 당주가 스마트폰을 들고 와서는 인터넷에 접속해 삼성전자의 주식 투자 정보를 보여 주며 설명을 해 주었다.

당주 이것 봐. 시가 총액은 333조 1,629억 원이지? 상장 주식 수 그러니까 주식 발행 수는 약 64억 개 정도고. 그리고 현재 주가는 53,000원이지? 시가 총액에서 주식 발행 수를 나누면 현재 주가가 나와. 액면가는 1주에 100원으로 나오네?◆

시가 총액 ÷ 주식 발행 수 = 현재 주가

◆ 2018년 5월 기준

연상 액면가는? 그건 아직 안 가르쳐 줬잖아!

당주 지금 알려 주려고 했어. 액면가를 살펴보면 이 주식이 원래 얼마였는지 알 수가 있어. 액면가에 주식 발행 수를 곱해서 나오는 수가 최초의 시가 총액이라 할 수 있는 거지. 처음에 100원으로 책정되었던 주가가 지금은 53,000원 정도로 거래가 되고 있는 거야.

액면가 X 주식 발행 수 = 최초의 시가 총액

연상 우아! 만약 처음에 삼성전자에 100원을 투자했다면 지금쯤 53,000원이 되었다는 얘기네?

당주 그래 맞아. 단순히 계산만 해서 따져 보았을 때, 삼성전자의 가치와 가격은 약 530배 정도 오른 거라고 볼 수 있는 거지. 여기서 '최초의 시가 총액'은 치킨집을 차리는 데 필요한 자금 즉 '자본금'과도 같은 의미라고 할 수 있어. 아직 사업을 시작하지 않은 친구의 치킨집은 자본금이 1억 원이고 시가 총액도 1억 원인 거지.

만약 사업이 잘돼서 10년 후에 자산이 더 많이 불어나고 치킨집의 시가 총액이 10억 원이 되었다고 가정해 볼게. 원래

<10년 전>

※주가(천만 원) = 시가 총액이 1억 원 ÷ 주식 발행 수 10

<10년 후>

※주가(1억 원) = 시가 총액이 10억 원 ÷ 주식 발행 수 10

10개였던 주식 발행 수의 변화가 없다면 이 치킨집의 주가는 천만 원이 아니라 1억 원이 되는 거야. 주가는 시가 총액을 주식 발행 수로 나누어 계산되는 것이기 때문이지. 이걸 다시 정리하면, 액면가가 천만 원인 주식의 가격이 그 10배인 1

억 원이 된 것이라고도 할 수 있는 거야. 이것은 투자자의 입장에서 볼 때, 이 치킨집의 주식을 사기 위해서는 최소한 1억 원이 있어야 한다는 의미이기도 해. 주식 1주의 가격, 즉 주가는 주식을 사는 단위이기도 하기 때문이지.

연상 뭔가 많이 복잡하게 들리기는 하지만 대충 무슨 소리인지는 알 것 같아.

당주 그런데 친구의 치킨집에 천만 원을 투자해서 10배가 되었고, 돈이 필요해서 그 일부를 팔고 싶더라도 투자의 단위, 즉 주가가 1억 원이라면 그것을 나누어 팔 수는 없어. 주식은 1주 이하로 사고파는 게 불가능해. 어떤 투자자들은 천만 원만 주식에 투자하고 싶을 거야. 그렇다고 1주의 10%인 0.1주를 사거나 팔 수는 없는 노릇이니까 투자를 하기 어렵겠지. 이런 문제를 해결할 방법이 있어. 바로 액면가를 바꾸는 '액면 분할'을 하는 거야. 현재의 주가가 1억 원이라는 얘기는 곧 주가가 액면가인 천만 원의 10배라는 얘기야.

연상 만약 액면가를 10분의 1인 100만 원으로 바꾸면 주가도 10분의 1인 천만 원이 되겠네!

당주 그렇지! 그렇지만 주가의 크기를 바꾼다면 원래의 시가 총액을 맞추기 위해 주식 발행 수는 10배를 늘려야 한다는 얘기가 돼. 이를 종합해 보면 액면 분할은 주식 발행 수, 곧 상장 주식 수를 늘리는 행위를 의미하는 거야. 뭔가를 나누어서 쪼개는 분할을 하면 그 조각의 수는 많아지게 되는 거지. 이렇게 되면 그동안 천만 원만큼만 이 치킨집에 투자하고 싶었던 투자자도 투자를 할 수 있는 거야. 하지만 중요한 것은 액면 분할은 주가의 크기만 바뀌는 것일 뿐이지 주식의 가치가 바뀌는 것은 아니라는 거야. 주식 1개의 가격, 즉 주가가 한때 100만 원을 넘나들었던 삼성전자의 주식이 지금 5~6만 원 정도의 가격에 거래되는 이유는 주가가 하락한 것이 아니라 바로 이 액면 분할에 의해 크기가 바뀌었기 때문이야.

연상 오케이, 접수됐어. 액면 분할은 투자의 단위인 주가의 크기를 더 잘게 나누는 것일 뿐이지 시가 총액은 그대로라는 거네. 피자의 조각을 아무리 작게 나눈다 할지라도 피자 한 판의 크기는 그대로인 거랑 같은 거네.

당주 그래 맞아. 그런데 이렇게 상장 주식 수를 늘리는 액면 분할도 있지만 반대로 상장 주식 수를 줄이는 '액면 병합'이라는 것도 있어. 이 또한 주식 가치의 변화는 없어. 액면 분할과 마찬가지로 단지 주가의 크기만 바뀌는 것일 뿐이지.

연상 헷갈리지 않게 조심해야겠네!

투자하기 좋은 회사는 어떻게 알아볼 수 있을까?

주식 시장에 상장된 기업들은 회사에 대한 정보를 공개합니다. 이를 기업 공개라고 부르는데 이 회사가 하는 일은 무엇이고, 그동안 번 수익금은 얼마인지 등의 기업 개요와 기업 현황 등의 내용을 살펴볼 수 있습니다. 이를 통해 이 기업이 앞으로 성장할 가능성이 있는 회사인지 판단해 볼 수 있습니다.

시가 총액이란?

주식 시장에서 거래되는 기업을 통째로 살 수 있는 가격을 말합니다. 시가 총액은 '주식 발행 수 × 주가'로 결정됩니다. 시가 총액으로 회사의 규모를 판단할 수 있습니다.

주가란?

주식의 가격을 말합니다. 주가가 오르면 시가 총액도 증가되고, 반대로 주가가 하락하면 시가 총액 또한 감소합니다.

액면가란?

액면가는 주식이 처음 발행될 때 정해진 가격을 말합니다. 액면가에 해당 주식이 발행된 수를 곱하면 최초 시가 총액을 알 수 있습니다. 액면가는 변경할 수도 있습니다.

액면 분할과 액면 병합은 무엇일까?

'주식 발행 수'는 회사가 마음대로 정할 수 있습니다. 액면 분할은 주식의 발행 수를 늘리는 것이고, 액면 병합은 주식의 발행 수를 줄이는 것을 말합니다. 이 둘은 주가의 크기만 바꿀 뿐 시가 총액을 바꾸지는 못합니다.

3

주식 투자로 어떻게 돈을 벌까?

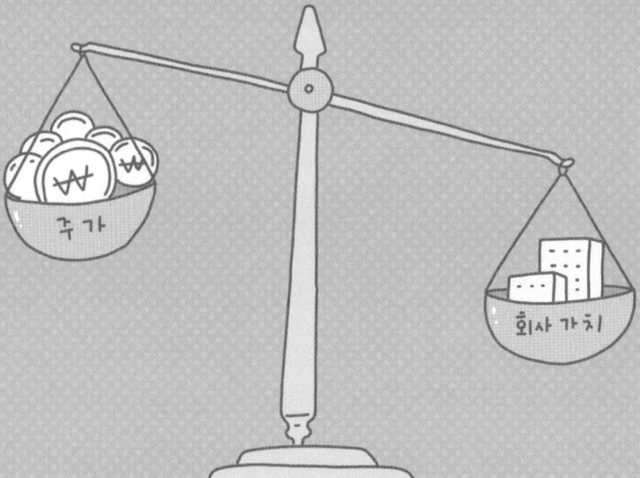
주가
회사 가치

여기 한 번만 봐 주세요! 여기요!
로열 아너 소사이어티 클럽
최연소 가입!
찰칵!
찰칵!
찰칵
누적 기부 금액만 100억 원이 넘었다고 하는데 어린 나이에 이렇게 많은 돈을 모을 수 있었던 비법이 무엇인가요?
SBB
MBB
최연소 아너 소사이어티 회원이 된 기분이 어떠신가요?
앞으로 다음 목표가 있으신가요?

오늘의 영광을
제 친구들과 함께
나누고 싶습니다.
이 친구들과의 우정이 없었다면
오늘의 저도 없었을 거예요.
우정과 진심은 돈보다
소중하다는 것을 여러분도
마음속에 간직하셨으면
좋겠습니다.
찰칵!
찰칵!
찰칵!
와~
근데 이게 무슨 소리지?
야, 매점
가자!
우르르~
가자~
와~

한가야, 너 어디 가?
매점 간다니까?
학교?
갑자기 매점이라니?
아얏
탁!
야, 일어나! 너도 아까 배고프다며.
?

으아아아악! 꿈이었어! 꿈이었다고!
악몽이라도 꿨어?
?
넌 몰라도 돼. 나 다시 자야 돼. 꿈을 이어 가야 돼!
또 이상한 소리 한다. 매점이나 가자.
그래! 그 미래는 꿈이 아니야. 이거 먹고 힘내서 현실로 만들겠어.

주식 투자의 두 가지 수익이 뭘까?

당주의 주식 투자 수업은 오늘도 변함없이 계속되었다.

당주 좋은 제품과 서비스를 파는 회사, 그러니까 돈을 잘 버는 회사는 투자할 만한 좋은 회사라고 할 수 있어. 하지만 그런 회사를 통째로 다 살 수는 없어. 회사의 주식을 원하는 만큼 사서 회사의 일부를 갖는 것이 바로 주식 투자야.

돈을 잘 버는 회사는 자산이 늘 뿐 아니라, 브랜드 가치가 올라가. 잘나가는 회사로 평가를 받는 거지. 그렇게 되면 회사의 가치가 올라갈 뿐 아니라, 주가가 오를 가능성 또한 높아지게 돼. 어디 그뿐이게? 그 주식을 산 투자자들의 수익 또한 늘어나게 돼.

주식을 샀다가 팔아서 얻은 시세 차익으로 돈을 벌 수 있어.

만 원에 산 주식이 10만 원이 되면 10배의 수익을 얻게 되는 거지. 이건 10배의 수익을 가져다줄 만큼 능력 있는 회사에 투자해야 가능한 일이야. 그러니까 돈을 잘 버는 회사의 주식에 투자해야 하는 거지. 이렇게 유능한 회사에 투자하는 것은 아주 중요한 일이야. 그런데 **'돈을 잘 벌 것 같은 회사'에 투자하는 것도 아주아주 중요해. 앞으로 돈을 잘 벌 것 같은 잠재력이 있어 보인다는 이유로 주가가 오르기도 하거든.**

당주의 설명을 듣고 보니 돈을 잘 버는 회사의 주가가 오르는 것까지는 이해가 되었지만 앞으로 돈을 잘 벌 것 같다고 해서 주가가 오른다는 것은 이해가 잘 되지 않았다.

당주 먹기만 하면 아무런 부작용 없이 살이 10kg이나 빠지는 신약을 개발하는 회사가 있다고 가정해 볼게. 이 회사는 비싼 돈을 들여서 연구 설비를 마련하고 연구자들에게 월급도 주고 있을 거야. 신약이 성공적으로 개발되기 전까지는 돈을 벌기는커녕 계속해서 돈을 쏟아부어야 하겠지. 어떤 사람은 이 회사를 보고 '적자만 내는 쓰레기 회사'라 판단할 수도 있어. 하지만 정반대로 생각하는 사람들도 있을 거야. 신약 개발에 성공하면 얼마나 많은 돈을 벌어들일까? 하며 미래

성장성을 보고는 '전망 있는 좋은 회사'로 판단할 수도 있을 거야.

무슨 소리인지 도무지 모르겠던 말도 예를 들어 말해 주니 조금씩 이해가 가기 시작했다.

당주 '돈을 잘 버는 회사'를 찾는 것은 그리 어렵지 않은 일이야. 전에도 얘기했듯이 주식 시장에 상장된 대부분의 회사들은 무슨 일을 하며 돈을 얼마큼 벌었고, 쓴 돈은 얼마인지 등을 낱낱이 공개하고 있기 때문이야. 하지만 이것만 보고 '돈을 잘 벌 것 같은 회사'를 찾는 것은 투자 경험이 많은 사람들에게도 쉽지 않은 일이야.

나는 이제 막 주식을 배우기 시작한 고등학생에 불과하기 때문에 일단 돈을 잘 벌 것 같은 회사를 예측하기보다는 지금 현재 돈을 잘 벌고 있는 회사를 찾는 게 낫겠다는 생각이 들었다.

당주 주식 투자로 돈을 벌 수 있는 방법 중 산 가격보다 비싼 값으로 주식을 팔아서 그 시세 차익을 챙기는 방법이 대표적이라 할 수 있어. 그리고 또 하나의 방법으로 회사의 수익을 주주

들에게 나눠 주는 배당주에 투자하는 '배당 수익'이 있어.

한가 배당주? 어디서 많이 들어 본 것 같은데? 그러고 보니까 배당주는 당주 네 이름이잖아!

당주 하하. 오해야 그건. 내 이름은 바를 '당'에 살 '주', 즉 세상을 바르게 살라는 뜻으로 할아버지가 지어 준 이름일 뿐이야.

한가 그래도 네 덕분에 평생 잊어버리지는 않겠다. 배당주.

한가의 농담에 우리는 다 같이 크게 웃었다. 이렇게 운동장에서 맘껏 웃고 있으니 고등학생으로 되돌아온 사실이 실감 났다.

싸게 사서
비싸게 팔면 이득!

당주 세계 최고의 부자이자 주식 투자자로 알려져 있는 워런 버핏은 이런 말을 했어. "저의 첫 번째 투자 원칙은 '절대 잃지 않는다.'입니다. 그리고 두 번째 원칙은 '첫 번째 원칙을 잊지 않는다.' 그게 다입니다."

한가 뭐야! 진짜 그게 다야?

세계 최고의 주식 투자자가 한 말이라고 해서 뭔가 특별한 비결이 있는 게 아닐까 하는 생각에 크게 기대했던 한가는 좀 실망스러워했다.

당주 사실 이 유명한 말 뒤에 한마디가 더 있어.

한가 그럼 그렇지. 그게 뭔데?

당주 바로 '무엇이든 그것의 가치보다 싸게 사면 돈을 잃지 않습니다.'라는 말이야.

한가 그럼 비싼 주식 말고 싼 주식을 사라는 거야?

당주 이걸 한 번 생각해 봐. 원래의 가격이 100만 원짜리 스마트폰하고, 10만 원짜리 스마트폰이 있다고 해 볼게. 100만 원짜리 스마트폰을 A라고 하고 10만 원짜리 스마트폰을 B라고 한다면 어떤 게 싼 스마트폰일까?

한가 당연히 B가 싼 거지.

당주 그런데 만약 A는 50만 원에 살 수 있고, B는 20만 원에 살 수 있다고 한다면 뭘 사야 싸게 샀다고 할 수 있을까?

한가 뭐야, 왜 이렇게 말을 배배 꼬는 거야?

연상 나는 알겠어. 그렇다면 당연히 A겠지. A는 반값에 사는 게 되고 B는 오히려 두 배를 주고 사게 되는 거니까.

당주 바로 그거야. 스마트폰의 진짜 가격은 주식 투자를 할 때 말하는 그 회사의 '실제 가치'라고 할 수 있고 뒤에 얘기했던 거래 가격은 '주식의 가격' 그러니까 '주가'라고 할 수 있는 거야. 만약 1주에 50만 원짜리 주식과 20만 원짜리 주식이 있다면 뭘 사는 게 더 이익일까?

한가 당연히 '20만 원짜리!'라고 말할 줄 알았지? 네가 방금 말했듯이 그 회사 가격의 실제 가치가 어떤지 알아야 판단할 수 있겠지. 50만 원짜리 회사는 원래 100만 원일 수도 있고 20만 원짜리 회사는 10만 원 짜리일 수도 있을 테니까.

당주 그래 맞았어. 이제 다시 워런 버핏이 한 말대로 무엇이든 그것의 가치보다 싸게 사는 건 정말 어려운 일이야. 단지 주가만 보고 주식 투자를 하는 게 아니라 그 회사의 실제 가치가 어떤지를 알아야 한다는 거야.

연상 주가가 움직이는 것만 보지 말고 그 회사의 가치를 봐라, 바로 이런 말이구나? 어렵지 않은데?

한가 내가 먼저 말하려고 했는데!

주식을 싸게 사서 비싸게 팔면 워런 버핏의 말처럼 잃지 않을 뿐 아니라 수익, 그러니까 주식으로 돈을 버는 방법 중 하나인 시세 차익을 얻을 수도 있다. 그런데 주식을 싸게 사기 위해서는 주가뿐만 아니라 그 회사의 내재 가치가 어떠한지를 알아야 한다.

내재 가치는 회사가 얼마나 돈을 벌고 있는지, 앞으로 사업 운영을 잘할 수 있는 능력이 있는지 등을 알아야 판단할 수 있다. 그러니까 내재 가치에 비해 저평가된 주식을 싸게 샀다가 오를 때 팔면 된다는 것! 당주 녀석 덕분에 주식 투자로 시세 차익을 얻을 수 있는 방법을 확실히 알게 된 것 같다.

주식을 팔지 않아도 저절로 들어오는 수익이 있다고?

당주 기업은 벌어들인 돈을 더 많은 돈을 벌기 위해 땅을 사거나, 새로운 사업을 해 보는 등 재투자를 할 수도 있지만, 주식을 가지고 있는 주주들에게 나누어 주기도 하지. 배당은 보통 1년에 한 번 정도를 하는데, 어떤 회사는 1년에 두 번으로 나누어 주기도 해. 배당은 주가와는 관계가 없어. 주가가 높은 회사라고 주는 게 아니란 거지. 배당은 지금까지 돈을 잘 벌어 왔고, 지금도 돈을 잘 벌고 있는 회사가 하는 것이 일반적이야.

연상 그렇다면 배당을 해 주는 회사는 곧 투자하기에 적절한 회사라고 할 수가 있겠네.

나는 쉽게 주식 투자를 할 수 있는 방법을 찾아낸 것 같아 반

가운 마음이 들었다.

당주 그렇게 생각할 수도 있지. 배당을 꾸준하게 주는 회사는 안정적으로 회사를 운영하고 있는 탄탄한 회사라고 볼 수 있어.

연상 그럼 은행에 예금이나 적금에 부을 돈이 있다면 차라리 그 은행에 투자를 하는 게 나을 수도 있겠네.

내가 생각한 거지만 아주 좋은 방법 같았다. 나중에 어른이 되어 월급을 받게 되면 내가 무엇을 해야 하는지 감을 좀 잡은 기분이랄까?

당주 그렇지. 은행의 예금 통장에 저금하면 보통 연 이자율이 2%를 넘기기 힘들어. 하지만 은행의 주식을 사게 되면 연 5% 이상의 배당 수익을 챙길 수도 있으니까. '은행의 고객이 되는 것보다 은행의 주인, 즉 주주가 되는 것'이 수익적인 측면에서 훨씬 더 나을 수도 있는 거지.

한가 그럼 무조건 배당을 주는 주식에 투자를 해야 한다는 거네?

한가도 배당주가 무엇인지 이해를 한 듯했다.

당주 꼭 그렇지만은 않아. 배당금을 많이 주는 회사라고 해서 무조건 투자를 해서는 곤란해. 그 회사가 배당을 계속할지는 그 누구도 장담할 수 없기 때문이야.

당주의 말을 듣자 너무나 쉽고도 명확한 내 미래의 비전이 휘잉 날아가는 것만 같았다.

당주 배당금이 예전보다 적거나, 아예 주지 않는 것을 배당컷이라고 해. 만약 사업이 어려워져서 매출이나 영업 이익이 감소한다면 '배당컷'을 할 수도 있어. 이런 일이 없는 안정적인 회사에 투자하려면 배당금 지급 내역을 확인해 보는 것이 좋아. 최소 5년 동안 꾸준하게 배당금을 지급한 회사나 매년 배당금을 늘려 가는 회사는 앞으로도 계속 배당금을 주거나 더 많이 줄 수 있는 가능성 또한 높다고 볼 수 있을 테니까.

주식을 싸게 사서 비싸게 파는 시세 차익을 얻으려면?

주식을 싸게 산다는 것은 회사의 내재 가치보다 저렴하게 매겨진 주식을 사야 한다는 것을 말합니다. 회사의 내재 가치란 사업 운영 능력, 성장 가능성 등을 말합니다. 내재 가치가 높은 회사의 주식은 주가가 오를 가능성이 크다고 볼 수 있습니다. 이러한 주식을 싸게 사서 오를 때 비싸게 팔면 시세 차익을 얻을 수 있습니다.

배당 수익이란?

회사가 수익금을 주주들에게 배분하는 것을 배당이라고 합니다. 배당금은 주식을 팔지 않아도 생기는 수익입니다. 모든 회사가 배당금을 주지는 않습니다. 배당금을 꾸준히 지급하는 회사는 안정적인 회사라고 판단하는 기준이 되기도 합니다.

배당컷이란?

배당금이 예전보다 적거나, 아예 지급이 중단되는 일을 배당컷이라고 합니다. 기업이 경영난으로 매출이나 영업 이익이 감소한다면 배당컷을 할 수도 있습니다.

주가보다 기업의 가치를 따져야 하는 이유는?

회사의 내재 가치를 따져 보고 성장 가능성이 있는 기업에 투자하는 것이 좋습니다. 주가는 회사의 내재 가치를 따라가는 것이 보통입니다. 주식을 보는 안목을 키우려면 주가의 흐름에 연연하기보다는 기업의 가치가 어떻게 성장해 왔는지, 또 지금도 성장하고 있는지를 확인하는 것이 좋습니다.

4

주식 거래, 나만 따라 해!

배당금
배당금
배당금
배당금

주가와 주식 발행 수를 곱하면
시가 총액, 배당 수익과
시세 차익….
이제 주식 좀 알 것 같은 느낌이 든다.
좋은 회사를 찾아 비교 분석하고,
월급을 모아 배당주에 일정 부분 넣고,
잘 모아 둬야지.
배당금
배당금
배당금
배당금
그렇게 모은 돈을 계속 굴리면…
영차

나도 부자가 되는 거야!
₩

배당금을 꾸준히 줄 수 있는
안정적인 회사에 투자해야지!

잠깐,
끼익
근데 주식은 어디서 사는 거지?
은행 가서?
○○ 은행
인터넷으로?

아악!
당주 녀석!
이런 기초적인 것도
안 알려 주고!
!?
그래, 당주가 급하게 가면 안 된댔지.
급히 먹는 밥이 체하듯이,
급할수록 돌아가랬어.
후—
아직 갈 길이 한참 멀었구나….

주식은 어떻게 사는 걸까?

한가 이제 주식이 뭔지, 그리고 어떻게 돈을 버는지까지는 알겠어. 그런데 결정적으로 주식을 사야 돈을 벌 수 있을 거 아냐? 그런데 주식은 어떻게 사는 거야?

내가 물어보고 싶었던 걸 마침 한가도 궁금했나 보다. 가려운 곳을 한가가 대신 박박 긁어 준 기분이었다.

당주 그야, 돈 주고 사면 되지.

당주의 농담에 한가도 나도 어이없다는 표정을 지었다. 하지만 당주는 다행히 친절한 설명을 잊지 않았다.

당주 주식은 증권사를 통해 사면 돼. 증권사는 코스피 시장과 코스닥 시장, 즉 주식 시장에 상장된 회사들의 주식을 거래할 수 있게 연결하고 중개해 주는 곳이야.

한가 그래도 주식을 많이 파는 증권사가 따로 있을 거 아냐.

당주 그렇지 않아. 증권사는 상장되어 있는 모든 주식을 거래할 수 있게 해 줘. 어떤 증권사를 가든 거래가 가능한 주식은 모두 같아. 증권사를 고를 때 여러 증권사의 시스템을 다양하게 이용해 보고 자기한테 잘 맞는 시스템이 마련된 증권사를 결정하는 것도 좋은 방법이야.

연상 증권사도 여러 곳을 이용해 봐야겠네.

당주 그래 맞아. 그리고 거래 목적에 따라서도 증권사를 고를 수 있어. 만약 미국의 주식에 투자하고 싶다면 환전 우대율이 좋은 곳을 선택해야 하겠지. 미국 주식은 달러로 거래하기 때문에 환전이 꼭 필요한데, 환전할 때 내야 하는 수수료를 싸게 해 주는 곳도 있거든. 인터넷으로 검색해 보면서 잘 찾아보면 돼.

연상 그럼 증권사를 고른 다음엔 뭘 해야 하는 거야?

당주 주식을 거래할 수 있는 프로그램을 깔아야지. 우리가 게임할 때 앱을 설치하는 것과 비슷한 일이라고 생각하면 쉬워.

주식 거래를 위해 가장 먼저 해야 하는 일은 이 주식 투자 시스템을 설치하는 것이다. 하지만 이 시스템에 접속하기 위해서는 아이디와 비밀번호 같은 '계정'을 만들어야 한다고 한다.

예전에는 해당 증권사 혹은 증권사와 제휴를 맺은 은행에 직접 방문해 일종의 신청서를 작성해 주식 계좌를 만든 후, 접속할 수 있는 계정을 발급받았다고 하는데 요즘에는 '비대면 계좌 개설'이라는 일종의 '증권 계좌 개설 앱'을 통해서 은행이나 증권사 방문 없이도 주식 거래 계좌와 접속 계정을 간단하게 열 수 있다고 했다.

<비대면으로 증권 계좌를 개설하는 과정>

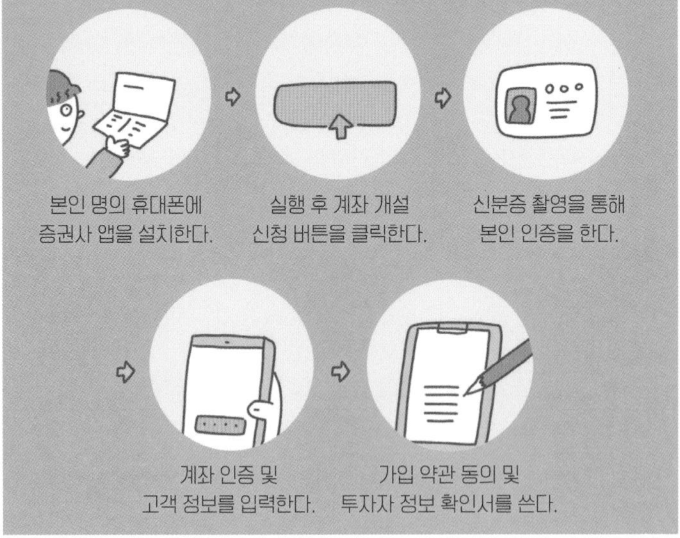

당주 은행에 직접 가는 게 귀찮다면 내가 고른 증권사의 '비대면 계좌 개설 앱'을 쓰고, 이것 역시 복잡하고 어렵게 느껴진다면 증권사나 은행에 직접 가서 "OO 증권 계좌 개설해 주세요."라고 하면 은행 직원이 알아서 잘 처리하고 설명해 줄 거야. 우리 같은 미성년자들이 주식 계좌를 만들려면 부모님의 동의가 필요하기 때문에 꼭 은행에 가야 해.

당주는 주식 계좌를 열고, 아이디와 비밀번호를 입력해 성공적으로 주식 거래 시스템에 로그인했다면, '주식을 살 수 있는 환경'이 갖추어진 것이라고 했다. 당주가 '이제 주식을 살 수 있다'고 하지 않고, 그 '환경'이 갖추어졌다고 한 이유는 주식을 사기 위해 준비할 일이 아직 하나 더 남아 있기 때문이라고 한다. 그것은 바로 돈이다. 돈이 있어야 물건을 살 수 있듯, 주식 역시 돈이 있어야 살 수 있기 때문이다.

당주 온라인 쇼핑을 할 때에는 카드 결제나 통장으로 입금을 해서 원하는 물건을 살 수 있지만, 주식을 사려면 '예수금'이 있어야 돼. 주식 투자에 쓸 돈을 증권 계좌로 옮겨 놓는 거지. 100만 원을 주식 계좌로 이체하면 그 돈이 예수금이 되는 거야. 증권 계좌에 예치된 돈, 그러니까 예수금은 이제 주식 투자를 위한 투자 자본금으로 쓸 수 있게 돼. 그리고 1주에 만 원인 주식 100주를 사게 된다면 예수금 잔액은 0원이 되겠지.

연상 그런 당연한 것까지 일일이 설명해 줄 필요는 없다고…….

나는 당주가 우리를 너무 얕보는 것 같아 작은 목소리로 투덜댔다.

주식은 언제 사는 걸까?

연상 그럼 주식은 언제 사고팔 수 있는 거야? 365일 24시간 아무 때나 거래할 수는 없을 것 같은데.

당주 그래 맞아. 주식 시장은 토요일과 일요일 그리고 공휴일엔 열리지 않아. 그리고 주식 시장이 열리는 평일에도 오전 9시부터 오후 3시 30분까지만 거래할 수 있어. 이걸 정규 거래 시간이라고 해.

나는 당주에게 정규 거래 시간이 있다면 비정규 거래 시간도 있는 거냐고 물었다.

당주 정규 거래 시간 전에 8시 30분부터 9시까지 '동시 호가'로 주식을 사는 매수나 주식을 파는 매도 거래 주문을 할 수가 있는데, 실제로 거래가 이루어지는 시간은 9시부터야. 그리고 주식 시장이 마감된 뒤에도 '시간 외 단일가'라고 불리는 거래를 할 수 있어. 오후 4시부터 6시까지가 바로 이 시간 외 단일가 거래 시간인데, 10분 단위로 거래가 이루어져. 정규 시간에는 상한가와 하한가가 전일 종가 대비 30%인 것과 달리 시간 외 단일가 시간에는 당일 종가 대비 10% 안팎 범위로 제한돼. 자, 같이 표를 볼까?

구분		거래 시간	비고
정규 시간		09:00~15:30	1월 2일 10:00~15:30
동시 호가	장 시작 동시 호가	08:30~09:00	시가 결정
	장 마감 동시 호가	15:20~15:30	종가 결정
시간 외 종가	장 전 시간 외 종가	08:30~08:40	전일 종가로 거래
	장 후 시간 외 종가	15:40~16:00	당일 종가로 거래
시간 외 단일가		16:00~18:00	10분 단위로 체결 당일 종가 대비 ±10% 가격으로 거래

한가 잠깐만, 상한가, 하한가? 그게 뭔데? 하한가는 내 이름인데?

당주 그래서 내가 처음 한가 이름을 듣고 깜짝 놀랐지.

우리는 한참 동안 같이 웃었다. 그리고 당주는 말을 이어 갔다.

당주 주가는 하루 동안 해당 주식의 전일 종가를 기준으로 각각 플러스 30%와 마이너스 30%로 정해져 있어. 전일 종가는 전날 마지막 거래 가격을 말해. 예를 들어 전일 종가가 만 원인 주식의 매수 주문 가능 가격은 상한가 13,000원, 하한가 7,000원 정도가 되는 거지. 주가가 하루 동안 움직일 수 있는 범위를 가격 제한 폭이라고 해. 상한가는 가격 제한 폭에서 주가가 가장 크게 오른 것을 말해. 반대로 하한가는 가격 제한 폭에서 주가가 가장 크게 내려간 것을 말해.

연상 한마디로 하한가는 엄청 안 좋은 거라는 얘기네.

내 말에 한가가 눈을 흘기며, 앞으로는 자기를 '상한가'라고 불러 달라고 했다. 당주는 상한가와 하한가를 나타내는 표를 보여주며 다시 말을 이었다.

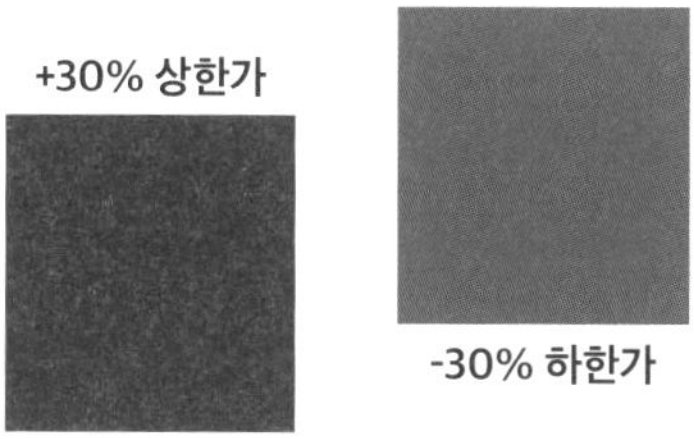

당주 주식 시장에는 기준가, 시가, 종가, 고가, 저가, 상한가, 하한

가 등 다양한 가격이 있어. 먼저 기준가는 앞에서 말했던 전일 종가를 말하는데, 그날 거래의 기준이 되는 가격이라고 기준가라고 불러. 이 기준가를 기준으로 그날 하루, 오를 수 있는 최고 가격을 상한가라고 하고 떨어질 수 있는 최저 가격을 하한가라고 해. 이렇게 상한가와 하한가를 정해 놓고 주가가 상한가 이상으로는 오르지 않게, 또 하한가 이하로는 내려가지 않게 막아 놓는데, 그 이유는 투자자를 보호하기 위해서야.

연상 오! 좋은 제도인 것 같아.

당주 그리고 시가는 오늘 최초로 거래된 가격이라 할 수 있어. 8시 30분부터 9시까지 들어온 주문은 9시에 한꺼번에 동시 호가로 체결돼.

동시 호가의 '동시'는 같은 시간대를 뜻하고, '호가'는 가격을 부르는 것을 뜻해. 주식을 사려고 할 때 부르는 가격인 매수 호가 중 가장 높은 가격과 주식을 팔려고 할 때 부르는 가격인 매도 호가 중 가장 낮은 가격이 딱 만나는 지점에서 동시 호가가 체결돼. 이 가격이 곧 시가가 되는 거라고 이해하면 쉬워. 또 종가는 오늘 마지막으로 거래된 가격이라 할 수 있는데, 오늘의 종가는 내일의 기준가가 되는 거지.

주식을 사고파는 데에도 돈이 든다고?

당주 너네 그거 알아? 주식을 살 때는 돈이 들어.

한가 내가 내 주식 사고파는 데 무슨 돈이 든다는 거야?

당주 주식을 거래할 때 내야 하는 거래 비용과 세금이라고 생각하면 되는데, 주식을 얼마큼 사고팔았는지에 따라 내야 하는 금액이 달라져.

한가 그럼 주식을 사면 주가가 그대로여도 손해를 볼 수 있다는 얘기네?

당주 좋은 지적이야. 그래서 주식을 살 때와 팔 때는 신중해야 돼. 100원에 산 주식을 곧바로 100원에 팔더라도 거래 비용이 들거든.

한가 수익은커녕 오히려 돈을 잃은 거잖아.

연상 그럼 그 거래 비용이라는 게 얼마 정도나 되는데?

당주 주식 거래를 할 때 드는 거래 비용은 크게 증권사의 중개 수수료하고 세금으로 나눌 수 있어. 그리고 중개 수수료는 매수할 때와 매도할 때 각각 0.015% 정도인데 요즘은 이 중개 수수료를 평생 공짜로 해 주는 증권사들도 있어.

나와 한가는 당연히 중개 수수료가 무료인 곳에서 거래를 해야겠다고 고개를 끄덕이며 입을 모았다.

당주 당연히 그러는 게 좋겠지? 하지만 수수료가 공짜라고 해서 무조건 좋은 것만은 아니야. 증권사의 시스템들이 저마다 내

용도 다르고 기능도 다르기 때문에 거래하기 편리한 증권사를 선택하는 것도 중요하거든. 게다가 주식 거래 금액이 크지 않다면 0.015% 정도의 중개 수수료가 그렇게 비싼 건 아니라고 할 수 있겠지. 100만 원을 투자했을 때 드는 중개 수수료는 150원 정도니까.

연상 생각보다 크지 않네. 중개 수수료가 공짜인 증권사라고 해서 무턱대고 좋아하면 안 되겠다.

당주 그래 맞아. 그런데 사실 중개 수수료보다 훨씬 큰 거래 비용은 증권 거래세라고 하는 세금이야. 보통 0.25% 정도나 되거든. 이 증권 거래세는 살 때는 부과되지 않고 팔 때만 부과되는 게 특징이지.

주식 투자를 할 때 발생하는 거래 비용이 생각보다 크지 않다고 생각해서는 안 돼. 샀다 팔았다 열 번만 해도 거래 비용은 몇만 원이 들 수도 있으니까.

한가 역시 방심은 금물이네!

그래서 주식은 살 때도 신중해야 하고 팔 때는 더 신중해야 한다고 당주가 말했다. 그래야 거래 비용 때문에 손해를 보는 일을 줄일 수 있을 테니까 말이다.

나는 한가와 같이 키움증권 수수료를 참고 삼아 알아보았다.

키움증권 거래 비용(2022년 기준)

1. 매입 수수료 : 매입 금액의 0.015%
2. 매도 수수료 : 매도 금액의 0.015%
3. 증권 거래세 : 매도 금액의 0.25%

주식은 부르는 게 값이다

당주 녀석 덕분에 드디어 주식을 사는 것, 그러니까 주식 매수를 하는 것은 가능해졌다. 하지만 당주는 주식을 사는 방법을 아는 것도 중요하지만 가능하면 싸게 사는 방법을 알아 두는 것도 중요하다고 했다.

당주 주식은 가능하면 싸게 사는 것이 좋아. 내가 100원을 주고 산 주식 1주가 300원이 되었다면, 200원이 수익이기 때문이야. 좀 똑똑히 말하자면, 매수가와 매도가의 차액이 곧 수익이란 거지. 주식을 살 때는 마치 경매가 이루어지듯 주식을 팔겠다는 사람들이 가격을 부르면, 가격이 높은 순으로, 그 다음은 먼저 주문을 한 순으로 거래가 이루어지는 거야. 주식을 사거나 팔기 위해서는 먼저 원하는 가격을 불러야 하는

데, 팔겠다는 사람이 있어야 살 수가 있는 것이고, 사겠다는 사람이 있어야 팔 수 있는 구조인 거야.

연상 경매하고 비슷한 시스템이라면 함부로 가격을 높여서 불렀다가는 터무니없이 비싸게 살 수도 있게 된다는 얘기인데…….

당주 그래 맞아. 예를 들어 사겠다는 주문, 즉 매수 호가가 10만 원, 11만 원, 12만 원 이렇게 되어 있다고 한다면, 10만 원에 사겠다고 한 주문보다는 12만 원에 사겠다고 한 주문이 먼저 매수 체결이 되는 거야. 또 같은 12만 원에 사겠다고 주문을 했을 경우에는 먼저 주문을 한 투자자가 해당 주식을 살 수 있어. 매수 주문을 할 때는 가격뿐만 아니라 수량도 함께 정해야 해. 만약 10만 원에 10주를 사겠다는 주문을 넣었는데, 매도 주문이 들어온 수량이 5주밖에 되지 않는다면 5주만 거래가 체결되고, 나머지 5주는 해당 주식을 10만 원에 팔겠다는 또 다른 매도 주문이 들어올 때까지 기다려야 하는 매수 대기 상태가 되는 거야.

매도 호가 = 주식을 파는 사람이 원하는 가격
매수 호가 = 주식을 사는 사람이 원하는 가격

당주는 주식을 살 때는 매도 호가 중 가장 낮은 가격에 매수 주문을 하거나, 특정하게 원하는 가격이 있다면 해당 가격에 매수 주문을 해 놓고 주가가 하락해 해당 가격에 주식을 매도하겠다는 주문이 생길 때까지 기다려야 한다고 설명해 주었다.

당주 간혹 주가가 너무 급하게 움직여서 매수 가격을 정하기가 힘들고, 가격과는 관계없이 해당 주식을 빠르게 사야겠다고 마음을 먹었다면 시장가로 살 수 있어. 이 경우에는 팔려고 내놓은 주식 중에서 가장 싸게 나온 주식을 사는 거야. 매도 호가 중에서 가장 낮은 가격에 사는 거지. 그리고 주식을 살 때는 해당 주식의 당일 가격 중 상한가와 하한가 사이의 가격에서 내가 원하는 가격으로 골라서 주문할 수 있어.

시장가 매수 = 물량이 남아 있는 매도 호가 중
가장 낮은 가격에 주식을 사는 것

나는 시장가 매수를 요약하며 당주의 설명에 집중했다.

연상 주식을 어떻게 사는 건지는 대충 알겠어. 그런데 주식 투자는 사기만 하는 게 아니라 팔기도 해야 하잖아. 그럼 파는 것도 사는 것하고 비슷하다고 보면 되는 건가?

당주 주식 투자로 수익을 얻기 위해서는 산 가격보다 비싼 가격에 팔면 되는데 주식을 파는 것, 즉 주식 매도는 매수하겠다는 사람들의 주문이 있어야 팔 수가 있어. 그러니까 조금 전에 설명한 매수 때의 거래 구조와 정반대로 생각하면 쉬울 거야. 주식을 사겠다는 사람들은 가능하면 싸게 사고 싶어하고, 주식을 팔겠다는 사람들은 가능하면 비싸게 팔고 싶어하기 때문에 양쪽이 가격을 두고 줄다리기를 하게 되겠지.

주식을 만 원에 사겠다는 사람들은 많은데, 2만 원에 사겠다는 사람은 없다면, 내가 2만 원에 팔겠다고 해 봤자, 아무도 사지 않을 거야. 하지만 10,100원에 판다면 어떨까? 100원 정도만 더 내면 된다면 기꺼이 이 주식을 사려는 사람이 나올 수도 있을 거야. 이렇게 주식을 싸게 사려는 사람들과 비싸게 팔려는 사람들이 원하는 가격이 함께 어우러지면서 주식의 가격이 정해지고, 계속 변화하는 거야.

한가 아, 그래서 주가가 오르락내리락하는 거구나.

차트를 보면 주가가 보인다

당주 로이 롱스트리트라는 투자자는 이런 말을 했어. "트레이더가 어둠 속에서 길을 잃은 사람이라면, 기본적 분석은 오두막의 불빛, 기술적 분석은 손전등이다. 기본적 분석이 없다면 정처 없이 헤맬 것이고, 기술적 분석이 없다면 오두막까지 무사히 갈 수가 없다."라고. 여기서 '기술적 분석'이란 주가와 주식의 거래량을 분석하여 앞으로 주가가 어떻게 될지 예상하는 일을 말해. 주로 시세 그래프, 즉 차트를 이용하기 때문에 '차트 분석'이라고도 해.

당주는 차트 분석이 어려운 이유 중 하나는 그것이 수학 공식처럼 딱딱 맞아떨어지지 않고 그때그때 다르기 때문이라고 했다. 차트는 과거에 지나온 발자국을 보고 앞으로 나아갈 길을 짐작

하는 것이기 때문에 다양한 경우의 수를 보여 주는 참고가 될 뿐 반드시 딱 맞는 정답이 되기에는 부족할 수밖에 없었다.

당주 더군다나 확률에 근거한 다양하고 복잡한 보조 지표들까지 알려고 하다가는 그야말로 머리가 터질 수 있을 정도로 어려워. 그래서 나는 큰 욕심 부리지 않고 기초적인 기술적 분석 수준의 차트를 공부했어. 바로 캔들, 이동 평균선, 거래량 이렇게 세 가지 종류의 차트야. 이 중에서 캔들 차트는 장사의 신이라 불리는 일본의 혼마 무네히사가 약 250년 전 쌀 거래에서 썼던 방법이 지금까지 전해져 온 것이라고 해. 그가 살았던 18세기 일본에서는 쌀을 돈처럼 썼대. 물건을 살 때 돈 대신 쌀을 내도 되었던 거야. 쌀을 거래할 때 판단 기준이 필요하다고 생각한 혼마 무네히사는 캔들 차트를 만들었어. 캔들 차트를 보면 쌀값의 시가와 최고가, 최저가와 종가의 변화를 한눈에 확인할 수 있어.

어두운 밤 등불의 심지에 불이 붙어 있는 것을 보고 만들었다는 이 캔들은 그 이름처럼 촛불의 모양이야. 캔들은 크게 몸통과 꼬리로 나눌 수 있는데 몸통은 시가와 종가로 만들어지고 꼬리는 최고가와 최저가를 나타내지. 자, 그림을 보며 이해하면 더 쉬워.

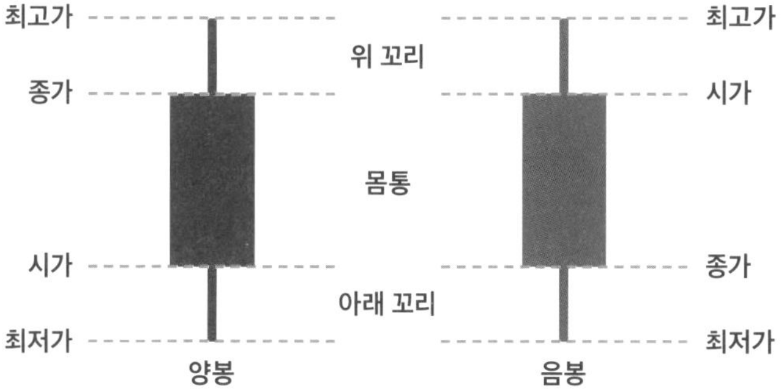

천 원으로 시작한 주가가 980원으로 떨어졌다가 다시 1,120원까지 오른 다음 1,100원으로 마감했다면 '양봉'이 만들어져. 또한 1,100원으로 시작한 주가가 1,120원까지 올랐다가 990원까지 하락한 후 천 원으로 마감되었다면 '음봉'이 만들어지지.

이를 좀 더 간단하게 얘기해 볼게. 종가가 시가보다 높으면 양봉, 종가가 시가보다 낮으면 음봉이 만들어진다고 할 수 있어.

캔들 차트는 이렇듯 하루 동안의 주가를 한눈에 확인할 수 있을 뿐만 아니라 그 기준을 분 단위, 일 단위 혹은 주나 월 단위 등 다양하게 적용해 일정 기간 동안의 주가 흐름이 어떠했는지도 쉽게 알 수 있게 한다. 또 그 단위에 따라 분봉, 일봉, 주봉, 월봉이라 부르기도 한다고 했다.

당주 이 캔들의 모양만 보고 주가를 예측해 맹목적으로 거래를 하는 것은 매우 위험해. 하지만 거래에 참고하는 것은 도움이 되기도 해. 예를 들면 꼬리 없이 긴 모양의 이른바 장대 양봉이 나타난다면 주가가 많이 오른다는 것을 뜻해. 주식을 팔고자 하는 사람들보다 사려는 사람들이 더 많다고 판단할 수 있지. 이럴 때는 급하게 주식을 팔기보다는 더 오를 때까지 조금 더 기다려 보는 것도 좋아.

연상 반대로 긴 모양의 음봉이 확인된다면 주가가 많이 떨어질 가능성이 높다고 봐도 되겠네?

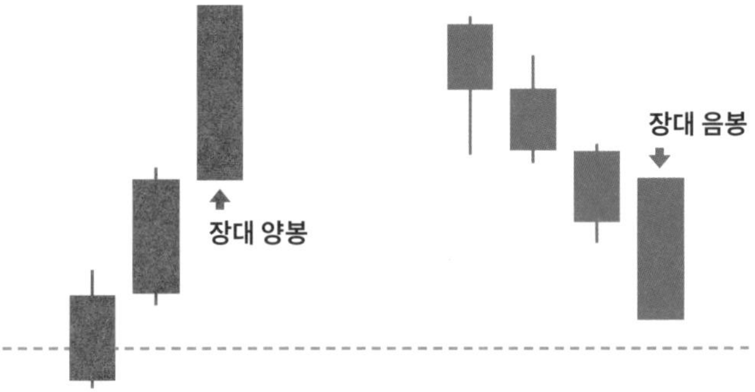

나는 당주가 설명해 주는 캔들 차트를 조금은 이해할 수 있게 되었다.

당주 그렇지. 캔들 차트 하나만 가지고도 기간별 주가의 흐름을 분석할 수도 있지만, 여러 개의 캔들을 살펴보면서 더 많은 정보를 얻을 수도 있어. 예를 들면 일봉 차트를 확인하는데 지난 5일간 몸통이 긴 강한 양봉이 나타났다면 앞으로도 이 주식을 사려는 사람이 많을 거라고 판단하는 거지.

나는 회사의 가치를 보고 투자하는 게 더 중요하다고 생각해. 그래서 차트 분석과 같은 기술적 분석보다는 재무제표나 사업 보고서를 살펴보는 기본적 분석을 더 중요하게 생각하지. 하지만 가치 투자를 더 잘하기 위해서는 캔들 차트 같은 기술적 분석에도 관심을 갖는 것이 좋아.

인기도를 나타내는 거래량

당주는 가치 투자처럼 회사의 실제 내재 가치를 분석하는 투자 방식도 있고 회사의 인기도에 따라 기회를 포착하는 방식의 투자도 있다고 했다. 그렇다면 어떤 주식이 인기가 있는지 없는지 알 수 있는 방법은 없을까 하는 궁금증이 생겼다.

당주 주식이 얼마나 인기가 좋은지 알 수 있는 방법? 그런 게 당연히 있지.

한가 어? 정말? 그런 게 있어?

그러자 당주는 주가가 상승하는 원리에 대한 표를 보여 주었다. 표를 보니까 좀 더 쉽게 이해할 수 있을 것 같았다.

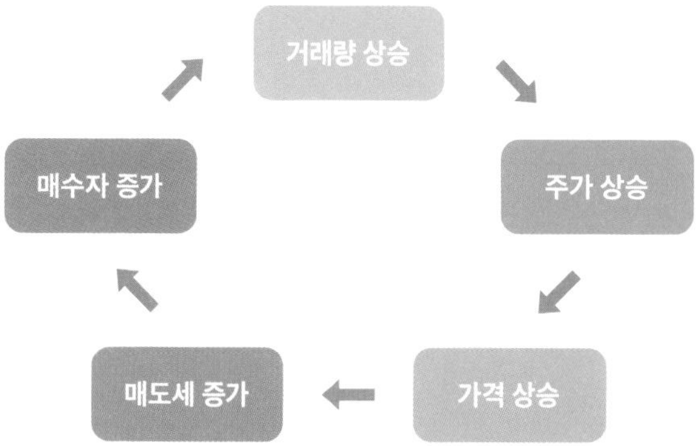

당주 주식의 거래량은 말 그대로 주식을 사고판 거래의 수량을 뜻해. 주식을 사려는 사람이 있어야 팔 수도 있기 때문에, 이 거래량을 보고 인기도를 파악할 수 있어.

연상 거봐, 내가 뭐랬어! 있다고 했지!

나는 한가를 흘기며 말했다.

한가 선생님 말씀하시는데 조용히 좀 해 줄래?

한가가 오늘은 웬일로 당주를 선생님이라고 불렀다. 당주도 호칭이 마음에 들었는지 씨익 웃으며 설명을 이어 갔다.

당주 거래량이 많아지는 것은 크게 두 가지의 관점으로 볼 수 있어. 가격이 떨어지면서 거래량이 많아지는 경우에는 싸게 파는 사람이 많아진 것이라 할 수 있을 것이고….

한가 가격이 오르면서 거래량이 많아지는 경우에는 반대로 비싸게라도 사려는 사람이 많아지는 것이라 할 수 있겠네.

한가가 이번에는 당주 선생님의 의중을 정확히 파악한 듯했다. 서당 개 3년이면 풍월을 읊는다더니 녀석의 주식 투자 지식이 일취월장해 있었다.

당주 그래, 맞아. 거래량이 많아지며 주가가 올랐다면 더 비싼 가격에 사려는 사람들도 많아졌으니 주가가 더 오르는 추가 상승의 가능성이 높아졌다고 할 수 있을 것이고…….

연상 거래량이 많아지면서 주가가 떨어졌다면 더 싸게라도 팔려는 사람이 많아져 주가가 떨어지는 추가 하락 가능성 또한 높아지는 것이라 할 수 있겠네.

나도 지지 않으려고 당주의 설명을 가로챘다. 그러자 당주가 흐뭇한 표정으로 말했다.

당주 이제 둘 다 그만 하산해도 되겠는데? 주가를 예측하는 것은 불가능에 가까운, 아니 불가능한 일이야. 세계 최고의 주식 부자인 워런 버핏과 전설적인 투자자 피터 린치도 인정한 사실을 아니라고 말할 수 있는 사람은 없을 거야. 거래량이 증가하거나 감소하는 것을 보고 주가가 어떻게 움직일지 참고할 수는 있지만 거래량이 늘었다고 해서 주가가 꼭 오를 것이라고 생각하거나, 거래량이 줄었다고 해서 주가가 꼭 떨어질 것이라고 생각해서는 안 돼.

거래량의 증가는 사람들의 관심이 커졌다는 것을 뜻하고 이는 곧 인기가 많아졌다는 것을 말해. 그런데 갑자기 인기가 높아진 경우 주가에 거품이 꼈을 가능성 또한 높아지겠지. 주식 투자에 성공하려면 회사의 가치보다 싸게 나온 주식을 사는 게 중요하다고 했지? 하지만 인기가 높아진 주식을 싸게 사는 일은 어려운 일이야. 그래서 초보 투자자라면 거래량이 늘면서 인기가 많아지는 주식에 관심을 갖기보다는 거래량이 늘면서 인기가 떨어지는 주식에 관심을 갖는 것이 더 바람직하다고 할 수 있지.

연상 아, 그렇게 해야 주식을 싸게 살 수 있다는 거지?

당주 바로 그거야! 인기가 낮아진 주식은 회사의 가치가 저평가되어서 주가가 많이 떨어졌을 가능성이 높아. 이것은 곧 주식을 싸게 살 수 있는 기회가 되는 거야. 하지만 가끔 거래량을 부풀려서 조작하는 경우도 있으니 조심해야 돼.
거래량 조작 가능성이 낮은 대기업의 주식은 비교적 안전해. 이런 대형 우량주가 거래량이 늘면서 주가가 떨어졌다면 투자를 해 보는 것도 좋아.

연상 그럼 그런 주식은 무조건 사야겠네!

드디어, 드디어 부자가 되는 아주 쉬운 방법을 알게 되었다고 생각했다. 이것으로 나는 내 미래를 바꿀 수 있을 것이다!

당주 꼭 그렇지는 않아. 예를 들어 대표 이사가 회사 돈을 횡령했거나 사업이 잘 안 돼서 매출이 감소되었다고 알려져 거래량이 줄고 주가가 급락한 주식은 다시 주가가 오르기 힘들거든. 왜 주가가 떨어졌는지 그 원인을 알아보는 게 중요해. 그래야 다시 주가가 오를 가능성이 있는지 가늠할 수 있으니까.

당주는 그 이유에 대해서도 설명해 주었는데 주가가 잠시 잠깐 과도하게 하락한 것이 아니라 회사의 가치 자체가 하락한 것이기 때문에 '싸게 산 것'이 아니라 '싸게 된 것'일 수도 있기 때문이라고 했다. 역시 부자가 되는 길이 그렇게 쉬울 리가 없었다.

증권사란?

증권사는 주식을 살 수 있게 해 주는 곳입니다. 증권사는 코스피 시장과 코스닥 시장, 즉 주식 시장에 상장된 회사들의 모든 주식을 거래할 수 있도록 중개해 줍니다.

주식은 언제 사는 걸까?

정규 거래 시간과 비정규 거래 시간에 주식을 거래할 수 있습니다. 정규 거래 시간은 오전 9시부터 오후 3시 30분까지입니다. 그 외의 거래 시간을 비정규 거래 시간이라고 합니다.

주식을 사고팔 때 발생하는 거래 비용이란?

주식을 사고파는 거래를 할 때 증권사의 중개 수수료와 세금이 거래 비용으로 발생합니다.

캔들 차트란?

캔들 차트는 주가의 상승을 나타내는 양봉, 주가의 하락을 나타내는 음봉의 캔들로 구성됩니다. 하루, 주, 월 단위 등 다양하게 범위를 적용해 일정 기간 동안의 주가 흐름을 한눈에 알 수 있게 해 줍니다.

주식의 인기도를 알 수 있는 방법은?

주식을 사고판 거래의 수량을 의미하는 거래량을 통해 인기도를 파악할 수 있습니다. 주식을 사려는 사람이 있어야 팔 수도 있기 때문에, 주식 투자를 할 때 거래량의 증감을 확인하는 것이 좋습니다.

주가가 움직이는 구조는 무엇일까?

주식을 팔고자 하는 사람들이 많으면 주가는 하락하게 되고, 반대로 주식을 사고자 하는 사람들이 많으면 상승하게 됩니다.

5

주식
투자에도
방법이 있다

성공 투자

당주가 알려 준 것들을 차분하게 다시 체크해 보자.
성공 투자
흠 —!!

〈 당주에게 배운 것 〉
주식 = 회사의 지분, 주가 = 주식의 가격
시세 차익 : 매도가 - 매수가
배당 수익 : 배당금을 꾸준히 주는 기업이 안정적이다.
주식의 인기도 = 주식 거래량
주식으로 수익 얻기
종목 추천받기

밥 먹어!
구연상!
성공 투자
이따가
먹을게요.
얘가 정말. 어서
밥 먹으라니까?
우량주, 상한가,
종가는 다음 날의
기준가….
어머
성공 투자
열심
열심
웬일로 연상이가
공부를 하네.
이따가 간식
가져다줘야 되겠다.
조심
조심

그래, 조금씩 알 것도 같아.
성공 투자
그래도 당주는 아직도
알아 둘 게 많다고 했다.
자, 이제 나도 투자할
준비가 된 거지?
아니, 너넨 아직
구구단 수준밖에
안 왔어.
아직도?!
이대로 있을 순 없어.
성공 투자

당주한텐 미안하지만
급하니까 유튜브에 쳐 보자!
성공 투자
아, 이게 당주가 말한 성장
가능성 있는 기업이구나.
무조건 오른다.
성장주 추천
이 사람들은 좀 고수
같은걸?
가치 투자 절대 사수!
팔지 말고
묵혀라.
에잇, 복잡해! 스트레스
받는데 게임이나 한 판 하자.
스킬! 스킬!
이게 엄마를
속여!
아! 아! 엄마 그게
아니고요….

주식의 가치와 가격, 둘은 무슨 관계일까?

당주 주식 투자는 기업의 일부를 사는 일이고, 기업은 그 기업이 가지고 있는 돈은 물론 빌딩이나 공장 등의 부동산, 소프트웨어나 기계 장치 같은 자산들을 다 합친 거라고 할 수 있어. 주식 투자를 이해하려면 가장 먼저 주식이 주가로 표시된 숫자가 아니라 진짜로 살아 있는 자산이자 돈을 버는 수단이라는 것을 깨닫는 거야.

연상 그 정도는 이제 우리도 잘 알아.

한가 그럼, 그럼!

한가도 내 말에 맞장구를 쳤다.

당주 그래도 중요한 거니까 한 번 더 설명을 해 줄게. 자판기를 가지고 사업을 한다고 해 볼게. 번 돈에서 음료수를 사는 데 쓴 돈을 뺀 이익으로 매달 200만 원을 버는 음료수 자판기가 있다고 해 보자.

자판기의 가격은 천만 원이고 장소 임대료와 관리비로 매달 100만 원이 든다면 이 자판기를 갖는 데는 얼마의 돈이 필요할까? 아마도 이 자판기의 원래 주인은 자판기 가격인 천만 원뿐만 아니라 매달 순수익인 100만 원까지 따져서 이 자판기 사업의 가치가 얼마인지 매겨 보려고 할 거야. 하지만 그 가치를 2천만 원으로 정했다고 하더라도 실제로 거래되는 가격은 그 이하가 될 수도, 반대로 그 이상이 될 수도 있을 거야.

당주는 만약 자판기의 원래 주인이 돈이 아주 급하게 필요해서 싼 가격에라도 하루빨리 자판기를 팔려고 한다면 가격은 낮아질 수밖에 없을 것이고, 반대로 자판기 사업을 하려는 사람들이 너도나도 그 자판기를 사려고 노리고 있다면 자판기 사업의 가격은 원래 가치보다 비싸게 거래될 수밖에 없을 거라고 했다. 그리고 시간이 흘러 자판기가 낡고 오래되어 고장도 잦고 유동 인구까지 줄어 매출이 감소된다면 자판기의 가치는 물론 가격도 달라질 수밖에 없을 거라고도 했다.

당주 주식 투자는 자판기를 사고파는 것으로 이해하면 쉬워. 자판기를 사고팔 때 자판기의 기계 값만 매기는 것이 아니라 벌어들이는 수익금까지 따져서 거래하는 것처럼 주식도 마찬가지야.

능력은 있지만 아직 돈을 많이 벌지 못하는 회사의 주식을 싸게 샀다가, 나중에 그 회사가 사업을 잘 운영해서 돈을 잘 벌게 되면 주가가 오르게 돼. 이때 주식을 팔면 시세 차익으로 이익을 얻을 수 있겠지. 만약 사업 능력이 점점 떨어지는 회사의 주식을 비싸게 산다면 주식 투자는 실패할 수밖에 없을 거야.

연상 주식 투자에 성공하려면 회사의 현재 가치를 알아보는 건 물론이고 미래에 그 회사가 사업이 잘돼서 가치가 상승할 수 있을지를 내다보는 통찰력도 필요하다는 얘기구나?

한가가 내 대답이 놀라웠는지 눈을 둥그렇게 뜨며 엄지손가락을 치켜세웠다. 당주도 어느덧 훌륭한 학생이 된 내 대답이 마음에 들었는지 환하게 미소를 지었다.

가치 투자와 모멘텀 투자, 뭐가 더 좋을까?

주식은 회사의 실제 내재 가치보다 싸게 사는 것이 중요한데, 내재 가치를 정확히 측정하는 것이 어렵기 때문에 데이터를 기반으로 나누어 사는 것이 주식을 싸게 살 수 있는 좋은 방법이라는 것을 알게 되었다. 하지만 당주는 이에 더해 한 가지 더 알아 두어야 할 것이 있다고 했다.

당주 주가는 투자자들의 투자를 받느냐, 못 받느냐에 따라서 달라져. 이때 회사 가치가 실제보다 높게 평가될 수도 있고 반대로 낮게 평가될 수도 있어. 하지만 중요한 것은 지금 좋지 못한 평가를 받고 있는 회사라도 꾸준히 성과를 내고 돈을 벌다 보면, 언젠가는 투자자들에게 그 가치를 제대로 인정받을 수 있다는 거야.

회사의 가치를 중요하게 생각하고 투자하는 것을 가치 투자라고 해. 능력이 있음에도 불구하고 낮게 평가된 회사의 주식을 찾아 투자를 하는 방식이라 할 수 있는 거지.

한가 하지만 그런 회사가 제대로 인정받을 때까지는 오랜 시간이 걸릴 수도 있다며. 죽을 때까지 안 될 수도 있고 말이지.

한가가 의심스러운 눈초리로 말했다. 하지만 당주는 이미 예상했던 질문이라는 듯 거침없이 설명을 이어 갔다.

당주 그래서 가치 투자 방식으로 주식 투자를 하는 사람들은 하루하루 주가의 움직임에 연연하지 않고 오랫동안 참고 기다

리는 방식으로 투자를 하는 거야. 그렇기 때문에 가치 투자는 곧 장기 투자라는 오해를 받기도 하는데, 오늘 산 주식이 하루아침에 가치를 인정받고 갑자기 내일 주가가 크게 오를 수도 있어. 그러니까 단기 투자는 가치 투자가 아니라고 단순하게 생각해서는 안 되는 거지.

연상 그래도 가치 투자라는 거 엄청난 인내심이 필요할 것 같은데.

당주 그래 맞아. 그런데 가치 투자와 또 다른 방식의 투자도 있어. 모멘텀 투자라는 투자 방식인데, 가치 투자와 사뭇 달라.

한가 뭔지는 몰라도 나하고 잘 맞을 것 같은데…….

당주 모멘텀 투자는 회사의 내재 가치를 따지지 않아. 어떤 이유에서였든 인기가 많아진 주식은 팔려는 사람보다 사고 싶어 하는 사람이 더 많아서 주가가 계속해서 오를 가능성이 크다는 것을 이용하는 거야. 공을 던지면 한동안 같은 방향으로 움직이듯이 말이야. 주가 역시 인기가 많아져서 한 번 오르게 되면 계속해서 오르게 된다고 보는 것이지. 보통 지난 몇 개월간 이미 오름세를 나타내고 있는 주식에 투자를 해.

모멘텀 투자는 테마주 투자와도 비슷하다고 할 수 있는데, 선거 시즌에 대통령 후보와 관련이 있는 회사의 주식에 투자를 한다든지, 여름에는 에어컨 회사에 투자를 하거나 겨울에는 보일러 회사에 투자를 하는 등 그때그때 투자자들이 어떤

것에 관심을 갖게 될지를 예상해서 투자하는 것도 모멘텀 투자의 하나라고 볼 수 있어.

연상 그럼 도대체 우리는 가치 투자를 해야 하는 거야? 모멘텀 투자를 해야 하는 거야? 한가처럼 인내심이 부족한 사람은 어차피 그 가치 투자라는 건 힘들겠지만…….

내 말에 한가가 도끼눈을 뜨며 나를 바라보았다.

당주 가치 투자와 모멘텀 투자 중 어떤 투자 방식이 더 바람직한가는 한마디로 말해 정답이 없어. 각각 장점과 단점이 있기 때문에 나랑 잘 맞는 투자를 하는 게 좋아. 상황에 따라 알맞은 방법으로 해도 되고 둘 다 이용해도 관계가 없어. 가치 투자는 수익이 나오기까지 꽤 오랜 시간이 걸리고, 수익이 나올 거라는 것도 보장할 수 없어. 네가 방금 말한 것처럼 성격이 급하거나 회사의 가치를 잘 따져 보는 능력이 부족하다면 가치 투자는 잘 맞지 않을 거야. 하지만 그렇다고 해서 모멘텀 투자가 성격 급한 사람들에게 잘 맞는 건 또 아니야. 날마다 주가의 흐름을 살펴보고 발 빠르게 움직여야 해서 주식 거래에 투자할 시간이 많이 있어야 해. 바쁜 사람들은 그럴 시간이 없으니 잘 맞지 않을 거야. 또 주식 시장에서 떠오르는 트렌드가 무엇일지도 잘 예측할 수 있어야 해. 그게 뭔지 잘 모르는 사람들은 모멘텀 투자를 하지 않는 게 좋아.

한가 그래서 우리 같은 평범한 사람들은 어떤 방식으로 투자를 해야 하냐고!

한가가 답답하다는 듯 짜증 섞인 목소리로 물었다. 인내심이 부족한 것만은 확실했다.

당주 주식 투자의 성패는 결국 투자 수익에 따라 결정되는 것이기

> 때문에 어떤 방법으로 투자를 했든 수익을 얻었다면 그게 맞다고 볼 수 있어. 가치 투자는 옳은 것이고 모멘텀 투자는 위험천만한 도박이라는 단순한 사고로는 주식 투자로 성공하기 어려워. 다만 가치 투자는 모멘텀 투자 방식에 비해 안전하다고 볼 수도 있어. 가치 투자를 하면 회사의 가치에 대해 공부를 많이 해 볼 수 있기 때문에 회사의 가치를 알아보는 안목을 키우는 데 도움이 될 수 있어. 초보 투자자라면 가치 투자 방식을 먼저 해 본 다음에 모멘텀 투자에도 관심을 기울이는 것이 좋다고 할 수 있지.

바로 어제까지만 해도 암울했던 주식 시장이 오늘은 또 언제 그랬었냐는 듯 희망으로 가득한 상승 분위기로 바뀌는 경우도 많다. 오르락내리락 정신없지만 주식 시장은 원래 변덕이 심한 거라고 한다. 당주는 이렇게 변동성이 심한 자산에 투자할 때는 크게 두 가지의 전략이 필요하다고 했다. 바로 '변동성에 아랑곳하지 않고 직진하는 투자'와 '변동성의 파도에 몸을 맡기는 투자'가 그것이다. 전자는 장기적 관점의 가치 투자를 의미하고 후자는 주식 시장의 흐름에 빠르게 대응하는 모멘텀 투자를 뜻하는데 이 두 가지의 방식 중 어느 하나를 선택하지 않아도 되고, 둘 다 함께 해도 된다고 했다.

분할 매수와 분할 매도는 기본이다

당주 주식 시장에는 수많은 격언들이 있어. 그런데 한 가지 특이한 점은 그 격언들이 서로 정반대로 말하는 경우가 많다는 거야. 이를테면 급락하고 있는 주식을 사지 말라는 뜻의 '떨어지는 칼날은 잡지 말라.'는 격언이 있는가 하면, 주가가 떨어지는 상황에도 용기를 내서 투자를 해야 성공할 수 있다는 뜻인 '공포에 사라.'라는 격언도 있지.

또 '계란을 한 바구니에 담지 말라.'며 분산 투자를 권하기도 하지만 '잘 아는 종목에만 집중 투자하라.'며 분산 투자로는 큰 수익을 챙길 수 없다고도 하지.

한가 코에 걸면 코걸이, 귀에 걸면 귀걸이네.

한가가 재미있다는 듯 웃으며 말했다.

당주 그래 맞아. 그렇다면 이렇게 서로 반대되는 개념의 격언과 주장들 중에 어떤 말을 들어야 하고 어떤 얘기를 걸러야 할까?

연상 글쎄…….

당주 정답은 '정답은 없다.'야. 그 이유는 주가가 떨어졌을 때 집중적으로 투자해서 큰돈을 번 투자자도 있고, 떨어지는 칼날을 피하며 안전하게 분산 투자를 해서 주식 투자에 성공한 사람들도 있기 때문이야.

연상 뭔가 공식처럼 딱딱 맞아떨어지면 참 좋을 텐데, 그렇지가 않다는 얘기구나. 우리 삼촌이 왜 주식으로 돈을 날리고 있는지 알 것 같기도 하네.

한가 그럼 도대체 어떡해야 하는 건데?

한가가 답답하다는 듯 물었다.

당주 그럼에도 불구하고 아직 자신만의 투자 철학이나 실력이 부족한, 한마디로 초보 투자자들이 일단은 한 번쯤 꼭 거쳐야 하는 '과정'이라는 것이 있어. 방정식을 풀기 위해 구구단을 외워야 하듯이 기초 과정을 제대로 배우지 않고 제멋대로 투자를 하다 보면 적지 않은 돈을 날리고 망할 수도 있어.

한가 그 기초 과정이라는 게 뭔데?

당주　내가 생각하는 초보 투자자가 반드시 거쳐야 할 투자의 기초 과정은 '되도록 많이 얻는 것'보다는 '되도록 잃지 않는 것'에 초점을 맞추는 거야. 되도록 잃지 않기 위해 가장 중요한 것 중 하나는 '나누어 사는 것'이야.

한가　무슨 말이 이렇게 어려워?

당주　첫 번째로 먼저 투자하는 종목을 나누어야 해. 주식 투자의 경험이 적고 투자 실력이 낮을수록 좋은 종목을 선택할 가능성 또한 낮을 수밖에 없어.

연상　그야 당연하겠지.

당주　두 번째로는 투자 자산을 나누는 거야. 같은 종목을 매수할 때도 투자 자산을 나누어야 해. 투자 자산을 삼성전자, 현대차, KT&G, 기업은행, 대신증권 이렇게 종목별로도 나누어야 하지만 삼성전자라는 하나의 종목을 사더라도 한 번에 다 사는 것이 아니라 여러 번으로 나누어 사야 한다는 얘기야.

연상　그렇구나. 먼저 사는 종목을 나누고, 그다음에는 투자하는 자금도 나눈다? 어떻게 나누면 되는 거야?

당주　바로 투자 시점이야. 같은 종목을 매수할 때도 주 단위, 혹은 월 단위로 나누어 사게 되면 그렇지 않았을 때보다 투자로 잃는 돈을 많이 줄일 수가 있어. 지금까지 얘기했던 것들을 정리해 볼게. 분산 투자는 종목과 시기에 따라 나누면 나눌수록 잃는 돈을 줄일 수 있게 되는 거야.

연상　오케이, 이제 알았어. 정말로 그렇게만 하면 그 잃지 않는 투자라는 게 가능하다는 거지?

당주　그런데 여기에 한 가지를 더 추가한다면 투자 실패의 가능성은 더더욱 크게 낮아질 거야. 주식을 살 때뿐만 아니라 매도, 즉 팔 때도 똑같이 하는 거야. 자, 분할 매수와 분할 매도는 중요한 거니까 적어서라도 외워야 해.

분할 매수 : 주식을 여러 번 나누어 사는 것
분할 매도 : 주식을 여러 번 나누어 파는 것

나는 노트를 꺼내 잽싸게 정리했다.

당주 아기가 걸음마를 뗀 후, 걷는 데 익숙해져야 뛰어갈 수 있듯이 초보 투자자가 가장 먼저 해야 하는 일은 '수익의 극대화'가 아닌 '손실의 최소화'인 거야.

당주는 경험 많은 투자자들은 실력이 더 좋은 플레이어가 승리를 하는 '승자의 게임'을 하지만, 필연적으로 실수가 많을 수밖에 없는 초보 투자자라면 실수가 적은 플레이어가 이기게 되는 '패자의 게임'을 하게 된다고도 말했다. 좋은 결정을 내리기 위해 노력하기보다는 실수를 줄이기 위한 노력을 더 많이 해야 한다는 뜻이라고 한다. 잃지 않는 투자에 집중하다 보면 자연스럽게 수익을 늘릴 수 있는 자신만의 투자 철학과 방법을 깨우치게 될 것이라는 이야기였다.

복리의 마법은 이루어진다

당주 한 달, 그러니까 30일 동안 매일 두 배로 늘어나는 100원과 10억 원 중 어느 것을 선택해야 더 좋을까?

한가 지금 장난해? 당연히 10억 원이지!

연상 나라면 30일 동안 매일 두 배로 늘어나는 100원을 선택할 것 같아.

당주 음, 그렇단 말이지? 매일 두 배로 늘어나는 100원은 첫 번째 날에는 그냥 100원일 뿐이고, 두 번째 날에는 200원이 돼. 그리고 세 번째 날에는 400원이 되고, 네 번째 날에는 800원이 되지. 이렇게 해서 열흘이 지나면 처음에 100원이었던 돈은 정확하게 51,200원이 돼.

연상 나도 그냥 10억 원으로 할래.

한가 뭐야, 왜 따라 해!

당주 이렇게 계산해 보면 역시나 10억 원을 선택하는 것이 올바른 선택이었다고 생각하게 되겠지. 하지만 계산을 더 하다 보면 예상치 못했던 놀라운 결과를 만나게 돼. 매일 두 배씩 늘어나는 100원이, 열흘이 지나도 5만 원 정도밖에 되지 않던 그 돈이, 30일이 되었을 때는 무려 536억 원으로 늘어나게 되거든.

한가 우아! 100원이 536억 원이 된다고?

<복리> <10억 원>

한가와 나는 놀란 입을 다물지 못했다. 도저히 믿을 수가 없어 스마트폰의 계산기 어플로 일일이 계산까지 해 보았는데 당주가 말한 그대로였다.

당주 천재 물리학자 아인슈타인은 이런 말을 했어. "세계 8대 불가사의는 바로 복리다. 복리를 이해하는 자는 돈을 벌고 그렇지 못한 자는 돈을 지불하게 될 것이다."라고. 돈으로 돈을 버는 일, 즉 투자에서 가장 중요한 개념 중 하나가 바로 이 복리야. 투자의 목적은 돈으로 돈을 버는 것이기 때문에 수익을 불릴 수 있는 방법이 필요한데 복리의 개념은 성공 투자를 위한 매우 중요한 무기라고 할 수 있어.

당주는 원금이 매일 두 배로 늘어나는 일은 실제 투자의 세계에서 불가능에 가까운 일이지만 투자한 원금에 더해 늘어난 수익을 재투자하는 것만으로도 복리의 마법은 충분히 실현할 수 있다고 했다.

연상 음, 그 복리라는 게 투자에 엄청난 무기이기는 하지만 어렵지는 않단 말이지?

당주 그래 맞아. 투자를 통해 천만 원으로 1년에 20%의 수익을 얻게 되면 최초의 천만 원은 1,200만 원이 되겠지. 이런 투자를 30년 동안 계속해서 한다면 매년 200만 원의 수익을 얻게 되는 것이니 30년 후에는 총 6천만 원의 수익을 얻게 될 것이고 투자 원금 천만 원은 총 7천만 원이 될 거야. 하지만 복리의 무기를 사용해 투자를 한다면 그 결과는 크게 달라져.

연상 어떻게?

당주 복리의 무기를 사용하는 방법은 생각보다 간단한데, 투자로 얻은 수익을 원금에 더해 재투자하면 돼. 투자 1년 차에 천만 원을 투자했다면 2년 차가 되었을 때는 수익으로 얻은 200만 원을 더해 1,200만 원을 투자하는 식이지. 이런 식으로 30년을 투자한다면 천만 원은 30년 후에 약 20억 원이 되어 있을 거야.

연상 와! 정말 마법 같은걸!

당주 흔히 주식 투자는 타이밍이라는 말이 있는데, 복리의 개념을 알게 된다면 주식 투자는 타이밍이 아니라 타임, 즉 시간이라는 사실을 깨닫게 될 거야.

복리의 마법은 이렇게 긴 시간 동안에도 일어나지만 매달, 매주, 그리고 매일 일어나게 할 수도 있어. 지난주에 100만 원에 산 주식이 120만 원이 되었다면, 수익인 20만 원으로 친구들과 맛있는 저녁을 먹으러 갈 것이 아니라 또 다른 투자를 해야 돼. 이 복리의 마법을 효과적으로 써먹으려면 수익률과 수익의 상관관계를 잘 알고 계산해야 돼. 아주 다행스럽게도 위대한 수학자들은 '72의 법칙'이라는 공식으로 복리를 아주 쉽게 계산할 수 있게 했어.

한가 아! 거기서 그만! 수학 공식 같은 건 그냥 건너뛰면 안 될까?

당주 하하! 걱정할 필요 없어. 간단한 공식으로 복리 계산을 쉽게 해 주는 거니까. 72의 법칙은 레오나르도 다빈치에게 수학을 가르친 이탈리아의 수학자 루카 파치올리가 쓴 수학책에 나오는 복리 계산법이야. 자, 한가 네가 한 번 읽어 볼래?

한가 연이율이 주어져 있는 상태에서 현재의 자본금이 두 배가 되려면 몇 년 걸리는지 알고 싶을 때는 72를 마음속에 법칙으로 지니고 있도록 하라. 72를 연이율로 나누어 나온 숫자가 자본금이 두 배가 되는데 필요한 햇수이다. 예를 들면 연이율이 6%이면, 72를 6으로 나누면 12가 나온다. 12년 뒤에 그 자본금은 두 배가 된다.

72의 법칙

72 ÷ 연이율 = 자본금이 두 배가 되는 시간

나는 72의 법칙을 노트에 쓰며 당주의 설명을 들었다.

당주 이 원리에 의하면 매일 1%의 수익률을 얻을 수 있는 투자를 할 수 있다면 원금이 두 배가 되는데 걸리는 시간은 72일 정도라는 것을 알 수 있어. 또 매일 2%의 수익률을 얻을 수 있다면 단 36일 만에 투자 원금을 두 배로 불릴 수 있고, 매일 6%의 수익률이라면 단 12일 만에 투자 원금을 두 배로 불릴 수 있는 거야. 누구라도 복리의 마법을 이용해 투자를 해서 돈을 벌 수 있어. 다만 골프를 잘 치려면 규칙을 알아야 하고 게임을 잘하려면 캐릭터의 능력치를 파악해야 하듯이 투자를 잘하려면 복리 개념을 이해할 수 있어야 해.

기업의 주가와 기업의 가치는 같을까?

기업의 주가는 시시때때로 움직이는 데 반해 기업의 가치는 그렇지 않습니다. 가치는 그대로인데 주가만 바뀌는 경우가 훨씬 더 많습니다.

가치 투자란?

가치 투자는 주가는 결국 회사의 실제 내재 가치를 반영한다는 것을 전제로 투자하는 것으로, 실제보다 낮게 평가된 주식을 찾아 투자를 하는 방식이라 할 수 있습니다. 주가의 변동에 연연하지 않고 회사의 가치를 내다보는 장기적 관점의 투자입니다.

모멘텀 투자란?

인기를 끄는 주식에 투자하는 것입니다. 우수한 성과를 보인 주식은 별다른 문제가 없다면 계속해서 인기를 유지하거나 주가가 오를 것이라고 판단하고 투자하는 방식입니다.

분할 매수와 분할 매도란?

같은 종목을 매수하거나 매도할 때 주 단위나 월 단위 등으로 나누어 사고파는 것을 분할 매수와 분할 매도라고 합니다. 분할 매수와 분할 매도는 투자 위험을 줄일 수 있는 전략입니다.

복리의 마법이란?

원금에 이자가 붙고 여기에 다시 이자가 붙는 식으로 돈이 불어나는 것을 말합니다. 복리가 꾸준히 쌓이면 나중에는 기하급수적으로 수익이 증가하게 됩니다.

6

투자할
회사를 고르자!

수익

장기 불황 속 구연상의 추천 종목은?
20대가 가장 존경하는 자본가 구연상의 투자 전략.
특집 다큐 〈구연상의 치밀한 하루〉 오늘 밤 10시!
사 인 회
구연상 성공 투자 비법
베스트셀러!
저 진짜 팬이에요.
도움이 되기를 바랍니다.

나는 바쁘지만 뿌듯한 나날을 보내고 있다.
원금과 이자를 받으면 그 돈을 투자금으로 써야 해요.
나누는 삶을 실천하고,
사랑 기금
10억 원 후원
나를 돌보는 일도 게을리하지 않는다.

연상 씨의 투자
비법을 궁금해하는
사람들이 많은데요,
오늘은 그 답변을 들을
수 있을까요?

첫 번째 룰은
절대 잃지
않는 것이고,

두 번째 룰은…
첫 번째 룰을 반드시
지키는 것입니다.

사람들의 관심이
부담스러울 때도 있지만
나는 지금, 행복하다.
너무 답이 싱거운데요?
하하하.
하핫, 그런가요?

서울역 TV
하하 하
!
나도 저 사람 책 샀어.
저 사람 추천 종목이 요즘 난리던데?
웅성
웅성
웅성
쾅!
지금이 몇 신데 아직도 안 일어나! 빨리 씻고 학교 가야지.
나는 지금, 고딩이구나….

카트에 물건 대신 투자할 회사를 담으라고?

한가 어제 증권 방송을 보니까 관심 종목이 계속 나오던데 그게 도대체 뭐냐?

당주 주식 투자를 하려면 먼저 주식을 사야 하겠지? 그런데 주식을 살 때 어떤 회사, 즉 어떤 종목을 사야 할지를 미리 정하는 것이 좋아. 주식 시장에서 거래되는 모든 종목들을 일일이 분석하고 모니터링할 수는 없어. 평소에 투자할 만한 좋은 회사를 미리 찾아 놓고 관심 종목에 하나씩 담아 놓는 게 좋아. 이건 온라인 쇼핑몰의 장바구니에 사고 싶은 물건을 담아 놓는 것과 비슷한 일이라고 생각하면 돼.

한가 아, 그렇구나. 그런데 나는 성격이 급해서 인터넷에서 물건 살 때도 장바구니 안 쓰고 그냥 사는데…… 주식도 관심 종목에 넣어도 되지만 그냥 바로 사도 되는 거겠지?

당주 투자하고 싶은 회사가 생겼을 때 깊은 고민 없이 바로 매수를 하는 것이 아니라, 일단은 관심 종목에 담아 두고 며칠 동안 지켜보며 그 회사에 대해 알아보는 것이 좋아. 그러다 투자하기에 더 괜찮은 회사를 발견하면 먼저 찾았던 종목을 빼면 돼.

연상 그럼 그 관심 종목이라는 거에 담을 '투자하기에 좋은 회사'는 어떻게 찾으면 되는 거야?

당주는 전설적인 투자자라고 불리는 피터 린치는 '생활 속의 발견'이라고 부르는 투자 종목 발굴법으로 성공적인 투자를 할 수 있었다고 말했다.

당주 피터 린치에게는 세 명의 딸이 있었는데, 매년 크리스마스가 되면 함께 쇼핑을 하러 갔다고 해. 하지만 피터 린치의 목적은 쇼핑이 아니라 투자할 회사를 찾는 거였어. 피터 린치의 딸들이 사는 물건을 만드는 회사를 살펴보면서 투자할 회사를 골랐다고 해.

위대한 투자자 워런 버핏은 '자신이 잘 알고 이해할 수 있는 회사에 투자하라.'고 말했어. 초보 투자자가 전기 차 배터리나 반도체 부품을 만드는 회사에 투자를 하는 것은 결코 쉬

운 일이 아닐 거야. 하지만 좋아하는 라면, 타고 싶은 자동차, 유행하는 운동화같이 평범한 사람들이 많이 쓰는 물건들을 만드는 회사를 살펴봐. '잘 알고 이해할 수 있는 회사'를 고르는 데 도움이 많이 될 거야.

한가 이제 백화점이나 마트에 가면 사람들이 북적이는 매장은 어디인지, 쇼핑 카트에 많이 담겨 있는 물건은 무엇인지, 그런 것들을 유심히 살펴봐야겠다!

한가도 뭔가를 깨달은 듯 말했다.

연상 물건을 장바구니에 담는 대신 그 물건을 만든 회사의 주식을 관심 종목에 담아라, 그 얘기 아니야?

마트나 백화점에 갈 때, 단순히 물건만 살 게 아니라 투자할 주식 종목을 살펴봐야 한다는 것을 깨닫자 갑자기 세상이 다르게 보이는 것 같았다.

과거는 미래를 비추는 거울이다

연상 내가 어저께 엄마랑 같이 마트에 갔는데 말이야. 사람들이 쇼핑 카트에다 이번에 새로 나온 라면을 박스째로 담아 가는 거야.

한가 아, 그래! 그거 나도 사 먹어 봐야겠다!

연상 그게 아니지. 그 라면을 사 먹는 게 아니라 관심 종목에 그 라면 회사를 담아 놔야지.

한가 아! 그렇지. 인기 있는 좋은 물건을 파는 회사의 주식을 사는 게 좋다고 했었지?

당주 하지만 그다음에 해야 할 일은 어쩌면 생활 속의 발견보다 더 중요한 일이라고 할 수 있어. 바로 그 회사의 과거를 파악하는 일, 그러니까 기업 분석이야.

연상 그럼 그 기업 분석이라는 건 어떻게 하는 건데?

당주 기업을 분석하는 방법은 크게 두 가지가 있어. 기업의 내재 가치를 분석하는 '기본적 분석'과 주가와 거래량이 그동안 어떻게 움직였는지 분석하는 '기술적 분석'이 바로 그거야.

한가 아… 오늘은 뭔가 어려운 게 나올 것 같다.

한가가 푸념 섞인 걱정을 내뱉었다. 당주는 우리의 반응을 예상이라도 했다는 듯 미소를 지으며 차근차근 설명을 이어 갔다.

당주 기본적 분석은 그동안 회사가 돈을 잘 벌어 왔는지, 빚은 많지 않은지, 부동산 등의 자산은 얼마만큼 갖고 있는지 등을 살펴보면서 회사의 내재 가치를 판단하는 거야. 기업의 가격, 그러니까 주가는 결국 기업의 가치를 따라간다고 생각하는 거지. 능력이 좋은 회사라면 지금 주가가 낮더라도 언젠가는 기업의 가치를 제대로 평가받고 주가가 오르게 된다는 거야.

연상 그 기본적 분석이라는 건 이미 배운 개념이라서 별로 어렵지는 않네. 그럼 기술적 분석은 그건 또 뭐야?

당주 기술적 분석은 주가와 거래량 같은 과거의 데이터들을 그래프 같은 것으로 분석하는 것을 말해. 과거에 나타났던 주가의 움직임이나 패턴이 또다시 나타난다고 보고, 기업의 미래 주가를 예측하는 방법이야. 과거의 주가 움직임과 패턴이 미래에도 반복된다고 가정하고 기업의 미래 주가를 예측하는 방법이야. 보통 기본적 분석을 중요하게 생각하고 투자하는 것을 가치 투자라고 하고 기술적 분석에 더 비중을 두고 투자하는 것을 모멘텀 투자라고 하기도 하지. 그리고 가치 투자는 비교적 투자 기간이 길기 때문에 장기 투자가 될 때가 많고 모멘텀 투자는 시장의 트렌드와 움직임에 바로바로 빠르게 반응하는 단기 트레이딩을 하는 경우가 많아. 자, 내가 다시 간단하게 정리해 줄게.

기본적 분석 : 기업의 과거부터 현재까지의 데이터를 분석하고 연구하여 기업의 현재 주가 가치를 따져 보는 것

기술적 분석 : 차트를 연구하여 기업의 주가 상승 또는 하락 시점을 분석하여 매수와 매도 시점을 예측하고 대응하는 것

연상 TV나 유튜브에 나오는 유명한 주식 투자 고수들은 모두 단기 투자를 하면 큰일 나고 장기 투자를 해야 한다고 하던데, 그럼 모멘텀 투자는 절대로 하지 말아야 하는 투자 방법인 거야?

당주 꼭 그렇지만은 않아. 기본적 분석을 하는 가치 투자라고 해서 꼭 장기 투자를 해야 하는 것은 아니고, 반대로 기술적 분석을 하는 모멘텀 투자라고 해서 항상 단기 트레이딩을 해야 하는 것은 아니야. 가치 투자와 장기 투자, 모멘텀 투자와 단기 트레이딩을 같은 투자 방법으로 생각하는 것은 잘못된 거야. 또 이 두 가지 투자 방식들은 각각의 장점과 단점이 있기 때문에 어느 것이 더 효율적이고 좋은지 딱 한마디로 말할 수 없어. 투자를 잘하기 위해서는 이 두 가지 기업 분석 방법을 모두 이해하는 것이 좋아. 하지만 초보 투자자들에게 기술적 분석은 결코 쉽지 않은 일이야. 그리고 "과거에 지나온 발자국으로 미래에 가는 방향을 예측할 수는 없다."라는 말처럼 기술적 분석도 마냥 좋다고는 할 수 없어. 해석이 맞아떨어지지 않는 경우도 있고 주가의 흐름이 예상과 다를 때도 많거든.

연상 그럼 어떻게 해야 되는 건데?

당주 기술적 분석과 비교하면 기본적 분석은 초보 투자자들도 쉽게 이해할 수 있을 만한 수준이야. 그러니까 기본적 분석은 말 그대로 기본으로 하고 기술적 분석은 추가적인 옵션 정도로 보면서 기업 분석을 하는 게 초보 투자자에게는 가장 현실적인 방법이 될 거야.

라면을 맛있게 끓이려면

삼촌한테 요즘 주식 공부를 한다고 했더니 그럼 'PER'이 뭔지 아냐고 했다. 하지만 그건 난생처음 들어 보는 말이었다. 삼촌은 기초 중에 기초라고 할 수 있는 PER이 뭔지도 모르면서 무슨 주식 공부를 한 거냐며 면박을 주었다. 그래서 오늘은 당주를 만나자마자 왜 아직까지도 그 기초 중에 기초라고 하는 PER인지 뭔지를 알려 주지 않은 것인지 물었다.

당주 PER? 물론 기초적이고 중요한 개념이기는 하지. 하지만 너희처럼 주식 공부가 처음이거나 투자의 경험이 많지 않다면 PER이나 PBR 같은 어렵고 익숙지 않은 주식 용어들을 듣기만 해도 지레 겁부터 먹게 될 거야. 실제로 많은 사람들이 주식 공부를 포기하는 것도 다 이런 어려운 주식 용어들하고 복잡해 보이는 차트 때문이기도 해.

하지만 이런 주식 용어들은 미적분을 푸는 데 사용하는 수학 공식처럼 어려운 게 절대로 아냐. 피터 린치는 "주식 시장에 필요한 수학은 초등학교 4학년 수준의 수학만으로 충분하다."고 했거든. 보통 사람이라면 충분히 이해할 수 있는 어렵지 않은 것들이야.

연상 그럼 지금이라도 알려 줘!

아차, 나는 조급함을 숨기지 못했다.

당주 라면을 '제대로' 끓이려면 조리법을 알아야 하겠지? 하지만 라면을 '맛있게' 끓이고 싶다면 몇 번을 끓여 먹어 보면서 불어 터진 라면도 먹어 보고, 파나 계란도 넣어 보아야 해. 결국 그런 경험들이 하나둘 모여서 '맛있는 라면 끓이는 방법'을 익히게 되는 거야. 조리법은 한 번 쓰윽 훑어보고 이해를 하면 되는 것이지 '4개의 라면을 끓일 때 분말 수프는 3과 2분의 1을 넣고 물은 1800cc에 맞추어야 한다.' 같은 조리법을 무조건 지키려고 얽매일 필요는 없어. 심지어 기본적인 조리법을 모르더라도 하다 보면 나만의 맛있는 라면 레시피를 만드는 사람도 많아.

한가 PER이 뭔지 알려 달라니까 갑자기 웬 라면 끓이는 얘기를 하고 있는 거야?

한가가 도무지 이해할 수 없다며 따져 물었다.

당주 라면을 끓일 때 참고해야 하는 조리법처럼 주식 투자를 할 때도 참고해야 하는 주가 지표와 재무제표들이 있어. 연상이 네가 방금 말한 PER이나 PBR, PSR, ROE 등 수도 없이 많아. 하지만 주식 투자를 할 때 꼭 이런 주가 지표와 재무제표에 대한 걸 알고 있어야 하는 것은 아냐. 정말 중요한 것은 왜 그런 지표가 투자를 하는 데 필요한 데이터인지를 이해하는 게 먼저인 것이지.

한가 지키면 좋고 안 지켜도 괜찮은 조리법 같은 거야?

당주 어, 그렇게 생각해도 되겠다. 그런데 시행착오 없이 라면을 잘 끓이려면 아무래도 조리법을 잘 지키는 게 좋긴 하겠지?

당주의 말에 삼촌에게 주식 공부를 하고 있다고 자랑은 할 수 없지만 삼촌보다 주식을 더 잘 이해할 수는 있겠다는 생각이 들기는 했다.

당주　자, 그럼 얘기가 나온 김에 이제부터는 주식 투자를 어떻게 하면 되는지, 그리고 성공적인 주식 투자를 하려면 무엇을 알고 이해해야 하는지도 알려 줄게.

회사의 매출은 어떻게 나는 걸까?

당주 주식 투자는 결국 기업이 낸 이익을 투자 금액에 따라 배분받는 거야.

한가 돈을 잘 벌지 못해도 돈을 잘 벌 가능성만 보여 주어도 주가가 오를 수도 있다며.

한가 녀석이 오래간만에 그럴듯한 문제 제기를 했다.

당주 기업이 실제로 이익을 냈든 그러지 못했든 투자자는 주가의 움직임에 따라 투자 수익을 얻을 수 있고 그러지 못할 수도 있지만, 결국 기업이 얼마나 돈을 벌었는지에 따라 투자자의 수익이 결정된다고 보는 것이 맞아. 돈을 잘 벌 능력이 있는 회사로 평가받고 주가가 오르더라도 결국 수익을 내지 못한다면 회사가 망하고 주식이 휴지 조각이 될 수도 있으니까.

한가 으, 무섭다.

당주 이익을 내는 회사에 투자하는 것이 중요하다는 점에서 볼 때, 회사의 이익 구조를 이해하고 확인하는 것은 주식 투자에서 매우 중요한 일이야. 회사의 이익을 나누고 분류하는 기준은 여러 가지가 있어. 이렇게 회사의 이익을 여러 가지로 나누는 이유는 회사의 이익이 제대로 된 방향과 방법으로 나온 것인지 정보를 명확하게 주는 것이라고도 할 수 있지.

회사의 수익이 사업을 잘해서 번 돈인지, 부동산을 사고팔아서 번 돈인지 등을 알 수 있게 해 주는 거야.

닭고기를 가공해 치킨 회사에 공급하는 회사가 있다고 가정해 보자. "이 회사의 지난해 이익은 10억 원이야."라고만 한다면, 이것이 닭고기를 판매해 얻은 이익인지, 아니면 사업이 잘 안 돼서 땅을 팔아 얻은 이익인지 알 수가 없을 거야.

당주는 가방에서 노트를 꺼내더니 기업의 여러 가지 종류의 이익들에 대해 정리한 글을 보여 주었다.

한가와 나는 두 눈을 크게 뜨고 하나하나 집중하며 읽어 보았다.

기업의 이익

1. 매출 총이익

매출, 즉 사업을 통해 얻은 이익을 가리킨다. 이 이익은 이해가 그리 어렵지 않다. 1년간 닭고기를 팔아서 생긴 매출액이 20억 원이고, 닭 매입과 닭고기 가공에 들어간 원가가 10억 원이라면 매출 총이익은 10억 원이 된다.

매출 총이익 = 매출액 - 매출 원가

2. 영업 이익

매출 총이익에서 판매 수수료, 운송비, 광고비 등의 판매비와 시설이나 물건을 관리하는 데 드는 비용인 관리비를 뺀 값인데, 이를 통해 기업이 사업을 통해 얻은 이익이 얼마인지 가늠할 수 있다.

영업 이익 = 매출 총이익 - 판매비 및 관리비

3. 경상 이익

기업은 예금 이자, 투자 수익, 외환 차익 등 사업 외의 이익을 얻을 수 있다. 반대로 은행에서 돈을 빌려서 나가는 대출 이자, 투자가 잘 되지 않아 얻은 손실, 외환 차손 등 사업 외의 손실을 입을 수도 있다. 경상 이익은 영업 이익과 주된 사업 외의 활동으로 얻은 수익을 합한 금액에서 손실을 뺀 금액이다.

경상 이익 = 영업 이익 + 영업 외 수익 - 영업 외 비용

4. 순이익

순이익이란 경상 이익과 특별 이익을 더한 금액에서 특별 손실, 세금 등을 뺀 금액을 말한다. 특별 이익이란 기업이 주로 하는 사업 외에 생기는 매우 이례적인 이익을 말한다. 예를 들어 자동차를 만드는 회사에서 부동산 매매로 생긴 이익이다. 특별 손실 또한 마찬가지이다. 홍수가 났다거나 도난을 당한 경우처럼 회사의 사업과는 상관없이 일어난 손실을 말한다.

순이익 = 경상 이익 + 특별 이익 - 특별 손실 - 세금

피터 린치가 말하는 '생활 속의 발견'이란?

평소에 자주 쓰거나 좋아하는 상품을 구입하는 데만 그칠 것이 아니라 이들 회사의 주식을 관심 종목으로 두는 것이 주식 투자에 도움이 된다는 것입니다.

기업을 분석하는 두 가지 방법은?

기업의 내재 가치를 분석하는 '기본적 분석'과 주가와 거래량의 과거 흐름을 분석하는 '기술적 분석'입니다. 기본적 분석은 회사가 돈을 잘 벌어 왔는지, 빚은 많지 않은지, 부동산 등의 자산은 얼마만큼 보유하고 있는지 등의 항목들을 통해서 회사의 내재 가치를 판단하는 방법입니다. 기술적 분석은 주가와 거래량 같은 과거의 데이터들을 그래프 같은 것들을 통해 분석해서 기업의 미래 주가를 예측하는 방법입니다.

회사의 과거와 미래를 보여 주는 것은?

주식 시장에 상장된 회사들은 그들이 얼마만큼의 돈을 벌었는지 또 얼마만큼의 이익을 얻었는지를 상세하게 공개합니다. 그 자료를 통해서 과거의 실적을 알 수 있을 뿐만 아니라 미래의 실적도 가늠해 볼 수 있습니다.

회사의 이익을 알아보아야 하는 이유는?

주식 투자는 기업이 낸 이익을 투자 금액에 따라 배분받는 것입니다. 따라서 기업의 이익이 어떠한 구조로 이루어져 있는지를 이해하고 확인하는 것은 주식 투자에 매우 중요합니다. 기업의 이익을 산정하는 기준은 여러 가지가 있는데 크게 매출 총이익, 영업 이익, 경상 이익, 순이익으로 나눌 수 있습니다. 이를 통해 기업의 실질적인 이익을 따져 보며 돈을 잘 버는 회사인지를 판단할 수 있습니다.

7

현명한 투자자가 되려면

세상이 좀 달라 보인다.
Mart
Mart
어떤 라면이 가장 잘 팔리는지,
라면
야, 이거 맛있어 보인다.
어떤 과자가, 어떤 세제가 제일 잘 나가는지 살펴보게 된다.
OO깡은 요즘에 잘 안 나가나? 꽉 채워져 있어.
이건 맨날 품절이네. 이거 어느 회사 제품이더라?
사람들이 좋아하는 제품, 자주 쓰는 물건들을 파악하면 좋은 기업을 가려낼 수 있다.
행사 상품

리사이클링
푸퍼
야야야,
이거 봐 봐.
왜!
플라스틱으로 만든
패딩이래. 웃긴다.
크크크.
리사이클링
푸퍼
지속 가능한 옷을
만들기 위해 OO이
먼저 합니다
?
한가야, 잘 들어.
미래에는
플라스틱을
재활용한 옷이
아주아주 흔해져.
나중에는 아예
법으로 규제를
한다니까?
또, 또, 또 미래를 아는 척,
미래에서 온 척한다.
에헴!

왜 아주 사람들이 모두 다
줄 없는 이어폰만 쓴다고 하지?
흔들
흔들
너 촉이 좋구나?
그거 머지않았어.
너나
놀리냐?
무선 이어폰이 필수템이 될 줄은
나도 상상 못 했었지.
전자코너
그래도 언젠가는 오르겠지?
나도 성인이 되면
비트 코인에 투자해 볼까?

글쎄, 미래에 비트 코인 때문에 웃는 사람도 많지만, 우는 사람도 정말 많아.
아직 정신 못 차렸구만? 자꾸 미래를 내다보는 척할래?
...
...?!
적당히 해라!
제발 내 말 좀 믿어라 한가야! 너 나중에 진짜 후회한다!

돈 버는 세 가지 힘

당주 이 세상에서 돈을 버는 방법은 크게 두 가지로 나눌 수 있어. 우리가 이미 잘 알고 있고 익숙하기도 한 '일해서 버는 돈' 노동 소득이 있고, 또 하나는 '돈을 일하게 해서 버는 돈', 즉 자본 소득이 있어.

당주는 노동 소득은 자본을 쓰지 않아도 되기 때문에 '무자본 소득'이라고 할 수 있고, 마찬가지로 자본 소득은 노동을 하지 않아도 되기 때문에 흔히 '불로 소득'이라 부르기도 한다고 말했다.

당주 오로지 노동으로만 돈을 벌어 보았거나, 노동으로 돈을 버는 것이 익숙한 대부분의 사람들은 돈 버는 일을 노동 소득과 불로 소득 이 두 가지만 있다고 생각하는 경향이 있어. 하지

<자본 소득자>
임 대
은행

<근로 소득자>

만 자본으로 돈을 벌어 본 사람들은 돈 버는 일을 자본 소득과 무자본 소득으로 구분하기도 하고, 자본 소득 또한 노동이 필요하다는 것도 잘 알고 있지. 똑같은 것을 이렇게 다르게 생각한다는 것은 흥미로운 일이라고 할 수 있어. 그렇다면 노동 소득이 더 좋고 바람직한 것일까, 아니면 자본 소득이 더 쉽고 편안한 것일까?

연상 우리 아빠가 돈은 땀 흘려 일해야 벌어야 한다고 하던데, 그럼 노동 소득이 더 좋은 거 아닐까?

당주 물론 아버지 말씀도 틀린 건 아니야. 노래 한 곡을 부르고 100만 원을 버는 연예인도 있고, 하루 종일 모니터 앞에 매달리면서 몇만 원을 간신히 버는 전업 투자자도 있어. 가수는 자본 소득으로 돈을 버는 투자자보다 짧게 일하고 돈은 더 많이 버는 셈이지. 노동 소득이라고 해서 무조건 큰돈을 벌 수 없다고 생각해서도, 자본 소득이라고 해서 무작정 쉽고 편하게 돈을 벌 수 있는 것이라 생각해서도 안 된다는 얘기야.

연상 그럼 둘이 다른 점은 뭐야?

당주 노동 소득과 자본 소득은 뚜렷한 차이점이 있어. 노동 소득은 아프거나 시간이 없어서 일을 못 한다면 더 이상 돈을 벌기 어려워. 반면 한 시간에 10만 원을 벌 수 있는 투자자는 더 많은 돈을 투자하면 수익의 크기 또한 얼마든지 늘려 갈 수 있지. 그 이유는 바로 사람이 아닌 돈이 돈을 벌기 때문이야. 천만 원의 자본금으로 한 시간에 10만 원을 벌 수 있는 투자자가 자본금의 크기를 1억 원으로 늘린다면 똑같은 한 시간 동안 100만 원을 벌 수도 있게 되는 거지.

한가 오, 정말 그렇겠네.

당주 하지만 투자 자금을 늘리는 건 말처럼 쉽지 않아. 돈을 구하는 건 어려운 일이야. 게다가 많이 투자할수록 잃을 가능성도 높거든. 이 문제의 해결책이 있어야 해. 투자 자금을 늘리는 가장 손쉬운 방법은 레버리지를 일으키는 거야.

연상 레버리지라고? 그거 나 뭔지 알아. 빚을 내서 투자한다는 거잖아. 빚내서 투자했다가 돈을 잃으면 어떡해?

당주 맞아. 네 말대로 레버리지는 위험한 투자 방법이기도 해. 은행에서 빌린 돈으로 투자했다가 수익은커녕 손실을 보게 되면 대출금을 갚기 어려워질 거야. 이 방법이 부담스럽다면 다른 방법을 써야겠지.

연상 어떤 방법?

당주 바로 거래의 횟수를 늘리는 거야.

연상 거래의 횟수를 늘린다고?

당주 1억 원을 투자해 10%의 수익을 얻는 방법도 있는가 하면, 천만 원을 여러 번 투자해서 똑같은 수익을 얻을 수도 있어. 천만 원을 투자해 10%의 수익을 얻은 후, 그 수익을 재투자하는 방식으로 투자를 하다 보면 복리의 수익이 만들어지게 되겠지. 일곱 번 정도 반복하면 최초의 투자 원금 천만 원의 두 배인 2천만 원이 되는 거야.

연상 그게 바로 지난번에 배웠던 복리의 마법인거구나?

당주 정확해. 천만 원으로 천만 원의 수익을 얻었으니 1억 원을 투자해 10%인 천만 원을 얻은 것과 수익의 크기가 같아.

한가 그런데 주식 거래를 많이 하려면 하루 종일 주가 모니터링을 해야 하고, 종목을 골라야 하잖아. 결국 노동력이 많이 필요한 일 아니야?

당주 맞아. 그래서 투자에 들어가는 노동력을 줄이는 방법도 고민을 해 봐야 해. 그 방법은 바로 투자 실력을 늘리는 거야.

한가 투자 실력을 늘리면 해결이 되는 거야?

당주 투자 실력이 늘면 거래의 횟수를 줄이면서도 수익을 얻을 수 있게 되니까 해결이 되지.

연상 투자 실력이 쌓이게 되면 시간을 적게 들이고도 수익을 얻게 된다는 거구나.

당주 맞아. 주식 투자에도 좋은 회사를 찾는 일, 종목을 분석하는 일, 거래를 하는 일 등 상당한 노동력이 필요하기 때문이지.

하지만 그나마 다행인 건 이런 노동력은 몸을 쓰는 일이 아니란 거야. 컴퓨터 앞에 앉아서 정보 찾는 건 힘이 세지 않아도 할 수 있잖아.

연상 나이 먹어서도 할 수 있다는 게 진짜 괜찮은 거 같네.

당주는 모든 사람들은 결국 일을 하지 못하게 되는 때가 온다고 했다. 언젠가 마주하게 될 은퇴라는 산을 넘기 위해서는 자본 소득이 들어오는 시스템을 준비해야 한다고 했다.

자본 소득을 만들기 위해서는 자본의 규모와 투자 실력을 키우는 준비를 함께 해야 한다고 말했다. 하지만 투자 자금의 규모를 늘리는 일은 생각처럼 쉽지도 않고 위험한 일이다. 이 위험을 극복하기 위한 방법은 딱 한 가지뿐이라고 했다.

투자 실력을 키우는 것 말이다.

주식 투자에 성공하려면 필요한 것들

당주 월급은 회사에 다니고, 벽돌을 쌓고, 물건을 나르는 등의 일을 해서 받는 돈이야. 내가 직접 일한 대가로 돈을 받는 것이지. 이렇게 내가 직접 일을 하는 대신 돈을 일하게 해서 돈을 버는 방법도….

한가 그게 바로 투자지!

한가가 아는 체를 하며 당주의 말을 가로챘다. 하지만 당주는 전혀 기분 나빠하지 않고 오히려 흐뭇한 표정으로 말했다.

당주 그래 맞아. 주식 투자 역시 내가 직접 일을 하는 것이 아니라 돈이 일을 하게 해서 돈을 벌어. 여기에서 알 수 있는 중요한 사실 하나는 주식 투자의 목적은 '돈을 버는 것'이라는 거야.

노동력을 제공해서 일을 하는 경우에는 그것의 목적이 '돈을 버는 것'에만 있지 않아. 아이들을 좋아해서 선생님으로 일하는 것에 보람을 느낀다든지, 아픈 사람들을 치료해 주는 것에 사명감 같은 것을 느낀다면 일한 대가가 꼭 돈이 아니어도 된다는 얘기야. 하지만 투자는 그렇지가 않아. 물론 투자로 번 돈을 가지고 어렵고 힘든 사람들을 도와 보람을 느끼는 것도 가능하지만 투자 그 자체의 목적은 오로지 '돈을 버는 것'에 있다고 할 수 있어. 그렇기 때문에 투자를 하기로 마음먹었다면 이 목표를 이룰 수 있는 방법, 즉 돈을 버는 것에 집중을 해야 하는 거야.

한가 일리 있는 말이기는 하네.

당주 그렇기 때문에 투자의 세계에서는 '돈을 버는 목표'를 이루기 위해 하는 모든 일은 다 옳다고 할 수 있어. 법을 어기거나 다른 사람들에게 사기를 치는 일 등이 아니라면 그 어떤 방법으로 돈을 벌든 과정보다는 결과가 더 중요하다고 보는 거야. 어떤 사람들은 장기 투자가, 또 어떤 사람들은 하루에도 몇 번씩 사고파는 단기 트레이딩이 주식 투자로 돈을 벌기에 더 좋은 방법이라고 말해. 하지만 지난번에도 얘기했듯이 애초부터 정답은 존재하지 않아. 어느 것이 옳은 방법이냐 그른 방법이냐는 중요하지 않고, 돈을 벌어다 주는 모든 투자는 좋은 방법이라고 할 수 있는 거지.

당주는 투자는 최소의 자본으로 최대의 수익을 얻는 일, 즉 수익률을 많이 높이는 것이 무엇보다 중요하다고 했다.

당주 하지만 투자에서도 확률이라는 것은 존재해. 단기 거래보다는 장기 투자가 더 성공할 확률이 높고, 모멘텀 투자보다는 가치 투자가 성공 가능성이 더 높지. 그래서 초보 투자자들은 확률이 더 높은 투자의 방법을 기본으로 하되 다른 여러 가지 투자의 방법들도 공부를 해서 자신에게 잘 맞는 투자 방법을 찾아내는 노력을 계속해야 해. 투자는 머리로만 하는 것이 아니라 경험이 필요하다는 얘기야. 하지만 투자의 경험을 쌓는 데는 돈이 들어. 그래서 경험을 많이 하되 투자에 들어가는 돈을 줄이려는 노력도 함께해야 하지.

연상 그럼 그 투자할 때 돈을 적게 쓰는 방법 같은 건 없어?

당주 가장 좋은 방법은 소액으로 투자를 하는 거야. 10만 원으로 만 원을 벌어 보지 못했다면, 100만 원으로도 10만 원을 벌지 못할 것은 당연한 이치야. 그런데 투자의 세계에서는 수익률의 크기와 수익의 크기가 비례해서 커지지는 않아. 10만 원의 10%인 만 원을 벌 수 있는 실력을 갖추었다고 하더라도

100만 원을 가지고는 10%의 수익률을 얻게 된다고 장담할 수는 없어. 힘이 약한 사람과 힘이 센 사람의 노동력은 달라. 학교를 다닌 사람과 다니지 못한 사람 또한 지적인 노동력이 다를 수밖에 없을 거야.

당주는 똑같은 투자 실력을 지니고 있다 하더라도 100억 원의 자본력을 가진 부자와 1억 원의 자본력을 가진 사람이 동시에 1억 원씩을 투자했을 때 투자의 결과, 즉 수익률은 다를 수밖에 없다고 말했다.

당주 100억 원을 가진 사람에게 1억 원의 투자금은 잃게 되더라도 별문제가 되지 않는 돈이라고 할 수 있지만 1억 원을 가진 사람이 투자하는 1억 원은 말 그대로 모든 것을 걸고 하는 도박처럼 위험한 일이라 할 수 있어. 투자는 지적 능력뿐만 아니라 투자를 하는 자세, 그러니까 멘탈도 아주 큰 영향을 주기 때문에 불편하고 불안한 마음으로는 성공적인 투자가 어려워지는 거야. 돈 잘 버는 좋은 직업을 갖기 위해서는 공부를 열심히 하고 스펙을 쌓는 등 실력을 갖추어야 하듯이 성공적인 투자를 하려면 투자 실력뿐만 아니라 자본력도 필요하다는 얘기야.

연상 투자 실력도 필요하지만 자본력도 필요하다고? 자본력은 돈을 말하는 거 아냐? 그럼 투자에 필요한 돈은 어떻게 버는 게 좋을까?

당주 자본력을 키우기 위해 해야 하는 일은 부모님에게 재산을 물려받지 않는 한 직장에 들어가 월급을 받으며 돈을 버는 방법밖에 없어. 공부를 열심히 하고 내가 하고 있는 일에 최선을 다하는 것 역시 자본력을 키우는 일이야.

한가 그렇다면 우리는 학생이니까 우리가 지금 하고 있는 일, 그러니까 공부를 해야 한다는 얘기인 것 같은데?

당주 그래 맞아. 투자 실력을 키우는 공부를 하는 것도 중요하지만 내가 현재 하고 있는 일을 열심히 해서 자본력을 키우는 것도 중요해. 우리 같은 학생들이라면 열심히 공부를 하고 직장인들은 회사에서 열심히 일해서 더 높은 연봉을 받도록 노력해야겠지.

당주는 성공적인 투자를 위해서는 투자 실력과 자본력, 그리고 자본력을 가져다주는 노동력 이 세 가지가 모두 필요하다고 했다.

주식 투자는 도박일까?

당주 세상에는 진짜라고 생각하기 쉬운 가짜 이야기도 많아. 선풍기를 틀고 자면 죽을 수도 있다는 얘기처럼 말야.

한가 뭐? 선풍기를 틀어 놓고 자면 죽는다고?

당주 예전에 실제로 그런 말이 있었대. 창문과 문을 꼭 닫고 선풍기를 틀고 잠자면 죽을 수도 있다고 뉴스에까지 나올 정도였으니까.

하지만 이 정도의 잘못된 얘기는 우리의 삶에 큰 영향을 주지는 못하겠지. 하지만 주식 투자가 도박이라는, 그래서 돈을 잃기 쉽고 위험하니 절대로 하면 안 된다는 잘못된 얘기는 큰 문제가 될 수 있어. 주식 투자가 위험한 것이라서 절대로 하지 않는다는 것은 교통사고가 두려워서 자동차를 타는 대신 걸어 다니는 것과 같은 일이야. 대부분의 교통사고는 운전자의 과실, 그러니까 과속이나 신호 위반 같은 잘못된 운전에서 비롯되는 것이라 할 수 있어. 자동차라는 교통수단의 문제가 아니라 운전자의 문제일 가능성이 크다는 얘기야.

당주는 불규칙하고 예측이 어려운 일들은 위험천만한 도박의 수단이 될 수 있다고 했다.

당주 명동 거리 한복판에 작은 원을 그려 놓고 빨간색 모자를 쓴 사람이 그 원을 밟고 지나간다는 데 돈을 걸 수도 있고, 내일 오전에 비가 올지 안 올지를 놓고 배팅을 할 수도 있어. 내가 하고 싶은 이야기는, 빨간색 모자나 날씨는 도박의 조건이 될 수는 있지만 도박 그 자체는 아니라는 거야. 주가 등락은 정확하게 예측하기 어렵기 때문에 도박의 조건이 되기가 쉬워. '내일 코스피 지수가 1% 이상 상승한다.'를 놓고 내기를 할 수도 있겠지. 증권 시장의 거래 시스템은 투자한 주식의 주가가 오르면 그에 따른 수익금을 지급해. 그래서 주식 투자를 하면 돈을 걸고 따는 도박을 하는 느낌이 드는 것도 사실이야.

한가 그래서 어른들이 그러잖아. 돈은 일해서 피땀 흘려 벌어야 된다고.

당주 '왜 일을 하는가?'라는 물음에 대해 가장 적합한 답은 '돈을 벌기 위해서'일 거야. 이 말은 곧 돈을 벌 필요가 없다면 일하지 않을 사람들도 많을 것이라는 얘기가 되기도 하지. 그럼에도 불구하고 은퇴를 하고 나서도, 나이가 들어서도 일자리를 구하는 사람들이 많다는 통계는 아이러니하고도 안타까운 현실이야.

연상 맞아. 요새 100세 시대라고 해서, 나이가 들어서도 돈을 벌어야 하는 사람들이 많다고 들었어.

당주 요즘 평균적인 퇴직 나이가 49세라고 해. 아무리 돈 잘 버는 좋은 직업을 가지고 있다 하더라도 인생의 나머지 절반은 버는 돈이 부족해진다는 것을 뜻해. 돈으로 돈을 버는 일, 그러니까 투자는 이제 선택이 아닌 필수가 되어 버렸어. **노동을 귀하게 여겨야 하는 이유는 나와 가족이 살아가는 데 필요한 돈을 마련해 주기 때문인데, 투자가 그 생존에 크나큰 영향을 주는 것이라면 투자 또한 노동처럼 귀하게 대접받아야 해.**

노동 소득이란?

회사에서 월급을 받거나 장사를 해서 돈을 버는 것을 말합니다. 직접 일을 해서 돈을 버는 노동 소득에는 한계가 있습니다. 대부분의 사람들은 나이를 먹으면 은퇴를 해서 노동력이 사라지기 때문입니다.

자본 소득이란?

주식 투자나 부동산 투자 등을 통해 돈을 버는 것을 '자본 소득'이라고 합니다. 나 대신 돈이 일하게 해서 돈을 버는 일을 말합니다. 은퇴를 하거나 노동을 하지 않아도 나오는 소득이기 때문에 노동 소득의 한계를 해결해 준다는 장점이 있습니다.

노동 소득과 자본 소득이 모두 필요한 이유는?

투자에 필요한 자금은 노동 소득으로 얻을 수 있습니다. 자본 소득은 은퇴나 질병 등으로 노동 소득을 얻지 못할 때를 대비해 줍니다. 이러한 점에서 노동 소득과 자본 소득 모두 우리에게 필요한 소득이라고 할 수 있습니다.

주식 투자는 정말 위험한 것일까?

주식 투자는 투자금을 잃을 수도 있다는 점에서 위험하다고 볼 수도 있습니다. 당장 눈앞에 보이는 큰 수익을 기대하기보다는 차근차근 투자 경험을 쌓아 자신만의 노하우를 만든다면 주식 투자에 따르는 위험을 피할 수 있습니다. 이 과정을 거쳐 안정적인 자본 소득을 얻게 되는 경우 일을 하지 않아도 돈을 벌게 됩니다. 이러한 점에서 주식 투자는 노동 소득의 한계를 해결하는 유익한 투자 수단으로 볼 수도 있습니다.

성공적인 투자를 위해서 필요한 것은?

투자 실력과 자본력, 자본력을 가져다주는 노동력입니다. 투자 실력을 늘리기 위한 공부와 경험을 쌓는 일뿐만 아니라 일을 열심히 해서 자본력을 키우는 일을 함께 해야 합니다.

에필로그

7년 후……

"우리 회사는 수출 비중이 높아서 환율에 대한 이해도가 높아야 합니다. 원 달러 환율의 저환율 상황에서 우리 기업과 경제에 각각 어떤 일이 일어나게 되는지 설명을 해 주실 수 있을까요?"

면접관의 질문에 나는 몇 년 전 꾸었던 악몽을 떨쳐 내고 거침없이 답할 수 있었다.

"환율이 낮으면 원화의 가치가 떨어지게 되면서 수출 이익 또한 감소합니다. 전과 비슷한 수준으로 수익률을 맞추기 위해 가격을 올리면 해외 시장에서 가격 경쟁력이 떨어져 판매량이 떨어집니다. 그에 반해 국내에 들어온 수입품의 가격 경쟁력은 높아져 판매량이 늘어납니다. 이와 같은 이유로 정부는 환율이 국가 경제에 미치는 영향을 줄일 수 있도록 국책 은행을 통해 외환 시장에

개입해 왔습니다. 환율이 너무 상승하거나 하락하지 않도록 외환 시장에 대량으로 달러를 매도하거나 매수하는 등 끊임없이 대응하는 것이 그 방법입니다. 하지만 이 마저도 미국의 눈치를 보며 하는 경우도 많습니다."

내 대답이 마음에 들었는지 면접관들의 입가에 미소가 흘렀다. 그동안 공부해 왔던 경제와 금융 지식이 결실을 맺는 순간이었다. 주식 투자에 대한 공부가 인생에 이렇게 큰 도움이 될 줄은 몰랐다. 당주의 도움으로 주식 공부를 시작하지 않았다면 내 인생도 많이 달라졌을 거라는 생각이 들었다. 오늘 면접에서의 질문도 7년 전에 꾼 악몽에서처럼 제대로 답하지 못했을 것이 뻔했다. 그 악몽이 내 미래를 바꾸어 놓은 것이다. 여전히 그게 단지 꿈이었는지 바뀌기 전의 미래를 보여 준 것이었는지는 제대로 분간이 안 되지만 그것은 나의 미래뿐만이 아니라 나의 주식 투자 스승이자 절친한 친구가 된 당주의 미래도 바꾸어 놓았다.

"최근에 로열 아너 소사이어티 최연소 멤버가 되셨다는 소식이 있었는데 소감이 어떠신가요?"

TV에 출연한 당주는 아나운서의 질문에 편안한 말투로 대답을 했다.

"마땅히 해야 할 일을 했을 뿐이고 앞으로도 계속해서 할 일이라고 생각합니다."

"역시 좋은 말씀입니다. 왜 요즘 대학생들이 가장 존경하는 젊은 리더 1위이신지 알겠습니다. 이번에 청소년들과 초보 투자자들을 위한 주식 투자 학교를 설립하신다는 얘기가 있던데 무슨 특별한 이유라도 있으실까요?"

"저는 고등학교 시절에 친구들에게 주식 투자에 대해 가르쳐 준 적이 있었습니다. 친구들은 그때 경제와 금융, 주식 투자에 대해 이해하는 게 왜 중요한지 몰랐다고 합니다. 하지만 나중에 어른이 되어서 보니 주식 투자를 하지 않더라도 살아가는 데 꼭 필요하고 중요한 것들이었다는 것을 깨달았다는 이야기를 들었습니다. 그 이야기를 듣고 나서 제 친구들뿐만 아니라 다른 많은 사람들도 후회하는 삶을 살지 않도록 돕고 싶다는 생각을 하게 되었습니다."

그래서 결론은……

주식을 공부해 두길 잘한 것 같다.

성공 투자